Nationale Gedenk- und Feiertage

Geschichts- und Erinnerungskultur

C.C.Buchner Verlag

Buchners Kolleg. Themen Geschichte

Nationale Gedenk- und Feiertage

Geschichts- und Erinnerungskultur

Unterrichtswerk für die Oberstufe

Bearbeitet von Stephan Kohser, Heike Krause-Leipoldt, Oliver Näpel,
Thomas Ott und Hartmann Wunderer

Zu diesem Lehrwerk sind erhältlich:
• Digitales Lehrermaterial **click & teach** Einzellizenz, Bestell-Nr. 322551
• Digitales Lehrermaterial **click & teach** Box (Karte mit Freischaltcode),
  ISBN 978-3-661-32255-1

Weitere Materialien finden Sie unter www.ccbuchner.de.

Dieser Titel ist auch als digitale Ausgabe **click & study** unter www.ccbuchner.de erhältlich.

1. Auflage, 1. Druck 2021
Alle Drucke dieser Auflage sind, weil untereinander unverändert, nebeneinander benutzbar.

Das Werk folgt der reformierten Rechtschreibung und Zeichensetzung. Ausnahmen bilden
Texte, bei denen künstlerische, philologische oder lizenzrechtliche Gründe einer Änderung
entgegenstehen.

Auf verschiedenen Seiten dieses Buches finden sich Mediencodes. Sie verweisen auf
optionale Unterrichtsmaterialien und Internetadressen (Links).
Haftungshinweis: Trotz sorgfältiger inhaltlicher Kontrolle wird die Haftung für die Inhalte
externer Seiten ausgeschlossen.

Layout, Satz, Umschlaggestaltung und Grafiken: mgo360 GmbH & Co. KG, Bamberg
Druck und Bindung: mgo360 GmbH & Co. KG, Bamberg

www.ccbuchner.de

ISBN 978-3-661-**32205**-6

Inhalt

Hinweis: Die Inhalte des vorliegenden Lehrwerkes sind auf Kurse mit erhöhtem Anforderungsniveau abgestimmt. Bei den Arbeitsfragen zu den (Text-)Materialien finden Sie Vorschläge, wie Kurse auf grundlegendem Anforderungsniveau mit dem Band unterrichtet werden können. Die Aufgaben für die gA-Kurse sind speziell durch einen Unterstrich gekennzeichnet (z.B. **1.**, **2.**, **3.**, **4.**).

Zur Arbeit mit dem Buch

Das vorliegende **Lern- und Arbeitsbuch**
wurde eigens nach den Vorgaben des
Kerncurriculums für Niedersachsen und den
fachbezogenen Hinweisen zur schriftlichen
Abiturprüfung konzipiert.

Einführungsseiten

leiten mit problemorientierten Bildern
und Texten, einer **Lernstandserhebung**
sowie den **Kompetenzerwartungen** in
das Rahmenthema ein.

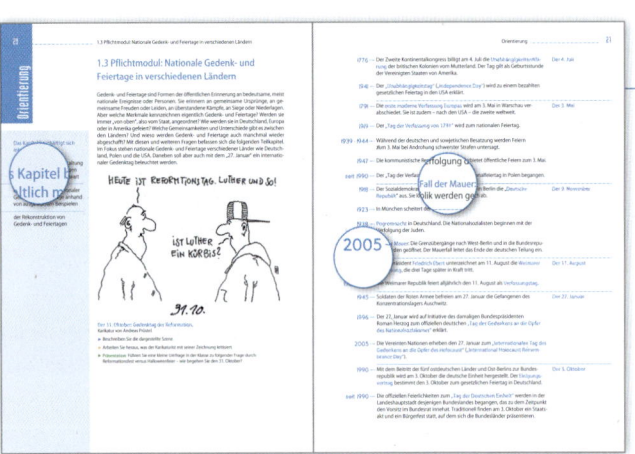

Orientierungsseiten

informieren überblicksartig über das
Thema des **Pflichtmoduls** (blau).
Die Doppelseite umfasst ein Auftaktbild,
einen kurzen Text zum Einstieg ins Thema,
die **Lerninhalte** des Moduls sowie eine
Chronologie mit zentralen Daten
und Fakten.

Darstellungen

vermitteln ein Verständnis für historische Zusammenhänge und Strukturen. Sie sind mit den Materialien
durch Querverweise vernetzt (→ M1, → M2 etc.).
Die Randspalte enthält **Namens- und Begriffserklärun-
gen**, weiterführende **Internettipps** sowie Hinweise auf
„**A**nimierte **K**arten" und „**G**eschichte **I**n **C**lips".
Einen Überblick zu den digitalen Angeboten und
Hinweise, wie diese abgerufen werden können,
finden Sie auf Seite 84 in diesem Buch.

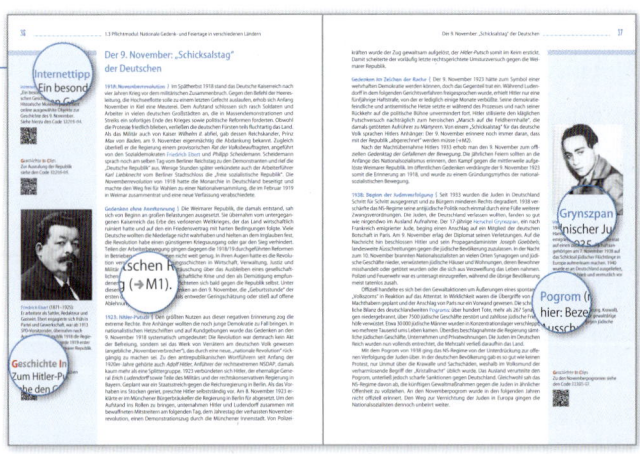

Materialien

vertiefen zentrale Themen-
aspekte und stellen kontroverse
Sichtweisen dar. Die Aufgaben
sind farblich je nach
Anforderungsbereich gekennzeichnet. Erläuterungen dazu
stehen auf Seite 64 im Buch.
Tipps zum richtigen **Umgang
mit den Operatoren** finden Sie
ab Seite 66. Über Angebote
zum Helfen (**H**) und Fordern (**F**)
informiert Seite 87 ff.

Weitere Hinweise

- Aufgaben, die eine
  **Partner-/Gruppen-
  arbeit** sowie **Präsentationsformen** er-
  fordern, sind zusätz-
  lich ausgewiesen.
- Aufgaben für
  gA-Kurse sind durch
  einen Unterstrich
  (**1.**, **2.** etc.) gekennzeichnet.

Kernmodule

sind **rot** gekennzeich-
net. Sie behandeln
**historische Theorien
und Erklärungsmo-
delle** und vernetzen
zum Teil die Kapitel
durch Querverweise
und Aufgaben mitein-
ander.

Methoden

erläutern **historische
Arbeitstechniken** für die
eigenständige Erarbeitung
und Wiederholung an einem
konkreten Beispiel.
Die **Musterlösung** können
Sie auf Seite 86 nachlesen.
Zudem finden Sie auf Seite 85
**Hinweise zur methodischen
Arbeit**.

Geschichte
kontrovers

präsentiert Stand-
punkte vornehmlich
von Fachwissenschaft-
lern, die zur Diskussion
anregen und die
eigene **Urteilskompe-
tenz** fördern sollen.

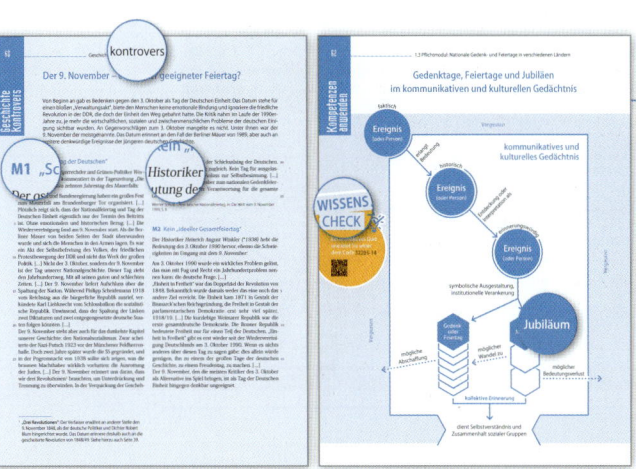

Kompetenzen
anwenden

Auf dieser Doppelseite fasst
ein **Schaubild** die wesentlichen Lerninhalte des
Kapitels zusammen. Mithilfe
von **Materialien** und
Arbeitsaufträgen sowie
einem **interaktiven Quiz**
können das erworbene
Wissen und die angeeig-
neten methodischen
Kenntnisse getestet werden.

Der 4. Juli: Unabhängigkeitstag in den USA.
Foto vom 4. Juli 2018, Philadelphia.

Der 3. Oktober: Tag der Deutschen Einheit.
Foto vom 1. Oktober 2018, Berlin.

Der 3. Mai: Erinnerung an die polnische Verfassung von 1791.
Foto vom 3. Mai 2019, Warschau.

1. Geschichts- und Erinnerungskultur

Niemals zuvor war es so vielen Menschen möglich, sich derart umfassend über geschichtliche Ereignisse der Vergangenheit und Gegenwart zu informieren. Bücher und andere Medien, allen voran das Internet, sind dabei klassische Informationsträger. Zeitzeugen, Erinnerungsorte, Denkmäler und Gedenktage tragen ebenfalls dazu bei, dass uns das Wissen um die historischen Vorgänge erhalten bleibt. Dabei sind dies keinesfalls nur Eckpfeiler der Vergangenheit. Unsere Gegenwart bietet reichlich Stoff, um sich immer wieder mit Themen auseinanderzusetzen und diese zeitnah in diverse Erinnerungsformen zu gießen, um das Wissen für die Nachwelt zu erhalten. Nur so lassen sich auch langwierige Entwicklungen als solche erkennen und verstehen. In diesem Rahmenthema lernen Sie, wie Geschichts- und Erinnerungskultur funktioniert, können Ihre Fertigkeiten zur Dekonstruktion von Geschichtsdarstellungen anwenden und Geschichte schließlich in komplexen Formen darstellen.

Kompetenzen

Am Ende des Rahmenthemas sollten Sie Folgendes können:

… Geschichtsdarstellungen hinsichtlich der darin enthaltenen Deutungen sowie ihren historischen Erkenntniswert analysieren und die Bedeutung der darin vorhandenen Konstruktionen für ihr Geschichtsverständnis und ihre Identität bewerten.

… den (gesellschaftlichen) Umgang mit Geschichte, die damit verbundenen spezifischen Formen der Erinnerung und deren mediale Umsetzung reflektieren und die Intention solcher Rekonstruktionsprozesse bewerten.

… sich mit der Geschichtlichkeit von Mensch und Welt sowie der Wahrheitsfähigkeit von Geschichte auseinandersetzen.

… die (Deutungs-)Offenheit historischer Prozesse beurteilen.

Was wissen und können Sie schon?

Betrachten Sie in kleinen Arbeitsgruppen die Bildmaterialien auf der linken Seite. Bearbeiten Sie die folgenden Aufgaben und präsentieren Sie anschließend Ihre Ergebnisse im Kurs.

1. Beschreiben Sie die drei Bilder. Gehen Sie dabei auf die nachstehenden Fragen ein: Wer oder was ist dargestellt? Wo findet das Geschehen statt? Welche Wirkung geht von den Bildinhalten aus?

2. Arbeiten Sie aufbauend auf Ihren Ergebnissen aus der ersten Arbeitsfrage Gemeinsamkeiten und Unterschiede der auf den Fotos gezeigten Feiertage heraus.

3. Nennen Sie weitere Gedenk- und Feiertage in Deutschland und anderen Staaten. Erklären Sie zudem, warum die von Ihnen genannten Gedenk- und Feiertage begangen werden bzw. woran diese erinnern sollen.

1.1 Kernmodul: Geschichtsbewusstsein und Geschichtskultur

Was ist Geschichte? | Diese Frage mag auf den ersten Blick verwundern. Es scheint offensichtlich, dass „Geschichte" ein anderes Wort für „Vergangenheit" ist. Zwar bezeichnet „Geschichte" z. B. auch das Schul- und Studienfach, aber im allgemeinen Sprachgebrauch wird der Begriff weitgehend synonym mit „Vergangenheit" verwendet. Geschichtswissenschaft und -didaktik gebrauchen den Begriff allerdings differenzierter, was weitreichende Konsequenzen für den Umgang mit „Geschichte" hat.

Wissenschaftlich betrachtet bezeichnet „Vergangenheit" sämtliches früheres Geschehen. Dies ist jedoch nie vollständig rekonstruierbar. Zum einen wäre es vom Umfang her schon nicht leistbar, wollte man jedes Ereignis aus all den damaligen Perspektiven in jedem Detail recherchieren und „getreu" wieder abbilden. Denn selbst wenn sämtliche zeitgenössischen Wahrnehmungen festgehalten worden und alle schriftlichen, mündlichen und visuellen Äußerungen jedes Zeitgenossen überliefert wären, könnte man sie schon aus Zeitgründen nicht insgesamt erforschen. Zum anderen liegen eben nicht für alle Perspektiven bzw. von allen Beteiligten, zu allen Details, zu jedem Ereignis überhaupt Quellen vor oder sind noch erhalten. Vieles wird nicht aufbewahrt (archiviert), wenn es zur Zeit des Ereignisses als nicht erinnerungs- und bewahrwürdig erscheint. Andere Quellen sind im Lauf der Zeit verloren gegangen oder vernichtet worden.

Während wir also zu manchen Aspekten, wie den Ereignissen seit der Frühen Neuzeit, ein fast unüberschaubares Quellenangebot haben, sind viele andere Bereiche nur über wenige noch erhaltene Quellen erschließbar, was vor allem für die Antike und das Mittelalter gilt. Manches ist zudem nur indirekt über die Zeugnisse anderer noch rekonstruierbar, vieles bleibt letztlich aber verschwunden.

Wie entsteht Geschichte? | „Geschichte" entsteht erst in der Auseinandersetzung mit „Vergangenheit". Die Geschichtswissenschaft hat hierfür ein Verfahren entwickelt, das eine möglichst verlässliche und nachprüfbare Rekonstruktion und Deutung ermöglichen soll: die *historische Methode*. Der Erkenntnisprozess bezieht sich auf unterschiedliche (Zeit-)Ebenen: angefangen von der Entwicklung einer historischen Frage, über die Recherche nach und Auswertung von Fachliteratur und Quellen bis hin zur deutenden, meist auf die eigene Gegenwart bezogene Geschichtsdarstellung, die sich der wissenschaftlichen Kritik stellen muss (→M1).

„Geschichte" wird von der Gegenwart rückblickend aus dem gemacht, was aus der Vergangenheit noch verfügbar ist, den Quellen. Diese sind Ausdruck zeitgenössischer Wahrnehmungen und Deutungen der damaligen Menschen (*Multiperspektivität*). Geschichte ist daher kein Spiegel vergangener Realität, sondern vielmehr ein – wenn auch wissenschaftsorientiertes – Interpretationsergebnis. Aus diesem Grund erhebt die Geschichtswissenschaft keinen absoluten Wahrheitsanspruch (→M2). Das lässt sich auch daran erkennen, dass Historiker auf Grundlage derselben Quellen häufiger zu unterschiedlichen Erkenntnissen gelangen. Sei es, dass sie die zeitgenössischen Perspektiven, Auswirkungen oder Gründe bestimmter Ereignisse nur unterschiedlich gewichten (*Pluralität*) oder dass sie sogar zu gegensätzlichen Erklärungsmodellen gelangen (*Kontroversität*).

Kontroversen werden dann öffentlich diskutiert, wenn anlässlich von Jubiläen und Jahrestagen oder ausgelöst von aktuellen Entwicklungen vergangene Ereignisse in den Fokus des allgemeinen Interesses rücken, jüngst z. B. die Diskussion um die Frage der deutschen Schuld am „Ausbruch" des Ersten Weltkrieges oder aktuell auch in der Beurteilung der Person Martin Luthers.

Es handelt sich bei Geschichte zwar um Deutungen und Interpretationen, beliebig sind die Ergebnisse dennoch nicht. Zumindest nicht, wenn sie Gültigkeit beanspruchen wollen. Nicht jeder kann sich seine ganz eigene „Geschichte" machen. Die Ergebnisse werden diskutiert und geprüft und erst wenn sich herausstellt, dass die Deutung im Einklang mit den zur Verfügung stehenden Quellen ist, die Argumentation schlüssig ist und die historische Methode korrekt angewendet wurde, akzeptiert die Wissenschaftsgemeinschaft solche Ergebnisse als konsensfähig, als **triftig**.

In der Freizeit lässt sich der wissenschaftliche Anspruch nicht immer eigentätig umsetzen. Daher greifen viele vor allem in ihrer freizeitlichen Beschäftigung mit Vergangenheit auf bereits fertige Geschichtsangebote zurück, die – je nach Wissenschaftlichkeit – zu mehr oder weniger triftigen Geschichtsbildern, also Vorstellungen über die Vergangenheit, führen können. Eine Schwierigkeit besteht darin, aus der Fülle der Angebote diejenigen herauszufiltern, die tatsächlich auf Quellen und dem aktuellen Forschungsstand beruhen, und sie von denjenigen zu unterscheiden, die Wissenschaftlichkeit bloß behaupten und dabei „Geschichte" bewusst oder unabsichtlich falsch oder mit politischen Absichten darstellen.[1]

Wieso Geschichtsbewusstsein? | In der Diskussion über Vergangenheit und Geschichte sollten drei Bezeichnungen unterschieden werden, die häufig synonym verwendet werden, aber wichtige Unterscheidungen beinhalten: *Geschichtswissen*, *Geschichtsbild* und *Geschichtsbewusstsein*. Unter Geschichtswissen ist die Kenntnis der Daten und Fakten der Vergangenheit und der verschiedenen aktuellen Deutungszuweisungen zu verstehen, über die ein Mensch verfügt. Häufig erscheint gerade das Fach Geschichte als langweilig, weil es als bloße Faktenpaukerei missverstanden wird. Ein Grundwissensgerüst ist sicher unersetzlich, weil ohne die Kenntnis der wesentlichen Fakten eine Orientierung und Beurteilung von Geschichtsangeboten auf ihre fachliche Korrektheit hin nicht möglich ist. Geschichtsunterricht erschöpft sich aber nicht in der Aneignung von Faktenwissen. Vielmehr hat er das Ziel, eigene und fremde *Geschichtsbilder* zu reflektieren und zu hinterfragen. „Geschichtsbild" meint hier die Vorstellungen von Menschen über eine Zeit. Sehr häufig sind diese eher klischeehaft und wissenschaftlich nicht haltbar, so z. B. das gängige Klischee des dekadenten alten Roms oder des finsteren Mittelalters. Um eigene und fremde Geschichtsbilder als potenziell falsch anzuerkennen, bedarf es nicht nur der Faktenkenntnis. Gerade die genannten klischeehaften Vorstellungen lassen sich durchaus auf Quellen zurückführen, zumindest solange man diese nicht kritisch untersucht. Es bedarf aber vielmehr der Entwicklung eines *Geschichtsbewusstseins*, um reflektiert und konstruktiv mit derartigen eigenen und fremden Vorstellungen umzugehen.

Über „Geschichte" kann man sich auf unterschiedlichen Ebenen bewusst werden: Zunächst einmal kann sich ein Mensch darüber klar werden, dass es so etwas wie Vergangenheit / Geschichte gibt, dass die menschliche Entwicklung, unsere Erkenntnisse, Haltungen und Werte Veränderungen unterworfen waren, sind und sein werden. Er weiß, dass Geschichte unterschiedliche, gegenwartsbezogene und

Abbau des Lenin-Denkmals.
Foto von 1991, Berlin.
Arbeiter montieren das 18 Meter hohe Denkmal von Wladimir Iljitsch Lenin, russischer Revolutionär und Gründer der Sowjetunion, im Ost-Berliner Bezirk Friedrichshain ab.

triftig > Triftigkeit: Der historische Erkenntnisprozess beruht auf der Rekonstruktion von Ereignissen und Personen (Sachanalyse). Durch einen Quellenvergleich wird versucht herauszufinden, wie vergangene Ereignisse von den Zeitgenossen (vermutlich) wahrgenommen wurden, warum sie wie gehandelt bzw. nicht gehandelt haben. Diese Beurteilung berücksichtigt die zeitgenössischen Wert- und Weltvorstellungen (Sachurteil). Auf dieser Grundlage und einer entsprechenden Deutung und Gewichtung werden kausale Zusammenhänge gebildet. Die Vergangenheit wird dann nach heutigen Maßstäben beurteilt, Gegenwartsbezüge werden hergestellt und Perspektiven für die Zukunft entwickelt (Werturteil). Erfolgt dies nach den Gesetzen der Logik und der wissenschaftlichen Methode, spricht man von Triftigkeit.

---

[1] Lesen Sie dazu auch das Kernmodul auf Seite 14 bis 19.

zukunftsgerichtete Bedürfnisse befriedigen und unterschiedliche Funktionen haben kann.[1] Auf einer abstrakteren Ebene begreift der Mensch aber auch, dass Geschichte nicht mit Vergangenheit gleichzusetzen ist. Ihm ist also der *Konstruktionscharakter von Geschichte* bewusst. Auf der höchsten Stufe nutzt er diese Erkenntnis, um entweder selbst triftig Geschichte aus den Quellen zu deuten oder um sich mit Geschichtsangeboten anderer kritisch auseinanderzusetzen. Letzten Endes ist dies der Beitrag, den das Fach Geschichte leistet: zu einem kritischen Bewusstsein und einer verantwortungsvollen Teilhabe und Mitgestaltung unserer demokratischen Gesellschaft zu befähigen.

Ein heikler Besuch.
Foto vom 5. Mai 1985, Bitburg (Rheinland-Pfalz).
US-General Matthew Ridgeway, US-Präsident Ronald Reagan, Bundeskanzler Helmut Kohl und der ehemalige Luftwaffeninspekteur der Bundeswehr, Johannes Steinhoff, besuchten im Mai 1985 den Militärfriedhof in Bitburg. Reagan legte auf dem Friedhof einen Kranz am Ehrenmal für gefallene Soldaten des Zweiten Weltkrieges nieder.

▶ Recherchieren Sie im Internet den Hintergrund zu den abgebildeten Ereignissen auf den Fotos (diese und vorherige Seite).

▶ Lesen Sie M4 auf Seite 13 aufmerksam durch. Ordnen Sie anschließend die beiden Ereignisse den Bereichen Geschichts- bzw. Erinnerungskultur zu.

▶ Erläutern Sie die Unterschiede der beiden Konzepte an diesen Beispielen und ergänzen Sie sie um Ihnen bekannte weitere Ereignisse.

Geschichtsbewusstsein und Geschichtskultur | Ganz allgemein gesprochen meint ein reflektiertes *Geschichtsbewusstsein* die Erkenntnis, dass aus gegenwartsbezogenen Interessen und Fragestellungen durch die Hinwendung zur Vergangenheit Geschichte so konstruiert wird, dass sie sinnstiftend für Gegenwart und Zukunft wird.

Damit wird aber auch deutlich, dass dieses Geschichtsbewusstsein einen Prozess und das Ergebnis einer individuellen Geistesleistung darstellt. Wenn Geschichtsdidaktiker wie beispielsweise *Karl-Ernst Jeismann* oder *Jörn Rüsen* dann vom „Geschichtsbewusstsein in der Gesellschaft" sprechen, bleibt zu fragen, wie sich so ein „kollektives Geschichtsbewusstsein" herausbildet.

Der Geschichtsdidaktiker *Bernd Schönemann* erklärt Geschichtsbewusstsein als zwei Seiten einer Medaille. Er geht davon aus, dass sich ein Geschichtsbewusstsein nur individuell entwickeln lässt (innere Seite), es aber durch Kommunikation im öffentlichen Raum auch eine äußere Seite erhält. Diese „öffentlichen Geschichtsäußerungen" werden als *Geschichtskultur* bezeichnet (→M3).

Parallel hierzu steht das Konzept des kulturellen, des kommunikativen und des kollektiven Gedächtnisses, das *Jan* und *Aleida Assmann* auf der Grundlage der Forschungen des französischen Philosophen und Soziologen *Maurice Halbwachs* entwickelt haben (→M4).

---

[1] Darüber informiert auch das Kernmodul auf Seite 14 bis 19.

M1 Historische Erkenntnis

Die Geschichtsdidaktikerin Saskia Handro (*1969) hat ein Modell entwickelt, das den Prozess der historischen Erkenntnis abbildet:

Verstehen (Hermeneutik) als gegenwartsgebundener Deutungsakt	Strategien historischen Denkens			Erklärung (Analytik) als Anwendung fachspezifischer Theorien, Konzepte und Begriffe	
Historische Methode					
Heuristik Erkenntnisinitiation und Recherche	**Quellenkritik** Erkenntnisproduktion und methodische Reflexion	**Interpretation** Erkenntnisstrukturierung und Sinnbildung	**Darstellung** Erkenntnispräsentation und -reflexion		
Historische Fragen formulieren / Vorwissen darstellen, Hypothesen formulieren / Darstellungen und Quellen recherchieren	Formale und inhaltliche Struktur analysieren • Gattungsmerkmale, situativer Kontext • benennen, beschreiben und beurteilen von Quellenaussagen (Perspektivität, Intention, Analyse sprachlicher Mittel)	Quellen- und Darstellungsaussagen in Bezug auf historische Frage u.a. • beurteilen, vergleichen • kausale, temporale Zusammenhänge, Motive erklären • Theorien, Fachbegriffe anwenden, Triftigkeiten benennen	Historisches Erzählen: adressaten-, gattungs- und situationsgerecht (als u.a. Vortrag, Zeitungsartikel) / Historische Sach- und Werturteile erklären und begründen: in Bezug auf Triftigkeit, Theorien, Werte, Normen / Historische Deutungen und Werturteile diskutieren, argumentieren, erörtern		
Narrativieren als historischer Sinnbildungs- und Erkenntnisprozess			**Historische Narrationen im Diskursprozess**		

Linke Randbeschriftung (vertikal): Epistemische Funktion rezeptiven und produktiven Sprachhandelns

Nach: Saskia Handro, Sprachbildung im Geschichtsunterricht. Leerformel oder Lernchance?, in: Katharina Grannemann, Sven Oleschko und Christian Kuchler (Hrsg.), Sprachbildung im Geschichtsunterricht. Zur Bedeutung der kognitiven Funktion von Sprache, Münster 2018, S. 13–42, hier S. 15

1. Markieren Sie Ihnen unbekannte Begriffe und schlagen Sie ihre Bedeutung in einem Wörterbuch oder Online-Lexikon nach.

2. Erklären Sie ausgehend vom Schaubild, wieso es sich beim historischen Denken um einen Prozess handelt.

3. Erläutern Sie, welche Schritte des Schaubildes im Geschichtsunterricht vollzogen werden. Nennen Sie Beispiele aus Ihrem Schulbuch, mit denen diese Schritte vollzogen werden.

4. Diskutieren Sie, wieso es wichtig ist, „historisch zu denken", anstatt nur Faktenwissen zu lernen.

M2 Objektivität und Geschichte

Der Geschichtsdidaktiker Karl-Ernst Jeismann (1925–2012) hat mit seinem Konzept vom Geschichtsbewusstsein maßgeblich die Geschichtsdidaktik beeinflusst. In einem Vortrag erklärt er, was unter „Objektivität von Geschichte" zu verstehen ist:

Wenn wir von Geschichte reden, handelt es sich nicht um die reale, vergangene Geschichte, sondern immer nur um eine spätere Rekonstruktion von Vergangenheiten aus häufig unvollständigen und dunklen Zeugnissen, um ein vieldeutiges, mehrdimensionales Puzzle, immer wieder umgebaut und neugestaltet je nach Zuwachs oder Verlust von Erkenntnis, aber auch je nach unterschiedlicher Perspektive und Erfahrung. Um die ganze Wahrheit der Geschichte können wir nicht streiten, nur um die Richtigkeit oder die Triftigkeit bestimmter Rekonstruktionen. In Urteil und Wertung beziehen wir Geschichte auf uns selbst; nur so, nicht in der bloßen

Reihung von Fakten, entsteht in Öffentlichkeit und Wissenschaft Interesse an der Geschichte. Von anderen Erfahrungen und Positionen her gesehen, sieht die gleiche Geschichte

15 anders aus, ohne dass sie verfälscht sein muss. Schaut man so hinter die Geschichten, kann man lernen, dass keine für sich das absolute Recht auf Alleingültigkeit beanspruchen und andere Wertungen verdammen oder als schlechthin falsch bezeichnen darf. Daraus wiederum ist zu folgern, dass

20 unterschiedliche oder kontroverse Geschichtsrekonstruktionen miteinander in Verbindung gesetzt, aneinander gemessen werden können und müssen. Das ergibt kein einheitliches Geschichtsbild, ist aber ein Weg zu einer Verständigung über verschiedene, jeweils in ihrer Weise begrenzt richtige

25 Vorstellungen von der Geschichte. Dies ist die Art, wie „Objektivität" denkbar wird, als „Konsensobjektivität" des Abwägens verschiedener Perspektiven und Urteile. Wir verlangen sachliche und methodische Solidität – Richtigkeit –, maßen uns aber nicht den Besitz alleingültiger Maßstäbe

30 und Urteile an. Das führt zu einem unabschließbaren Diskurs um Geschichte im Austausch der Argumente: Das – und nicht das Wahrheitsmonopol – ist der von der Wissenschaft der Öffentlichkeit anzubietende Umgang mit Geschichte. Er ist schwer. Gelingt aber eine solche Verständigung, wird

35 nicht nur unser Geschichtsbild reicher und vielfältiger, sondern auch das Verständnis des anderen in der Gegenwart vertieft. Geschichte muss dann nicht Barriere zwischen Parteien oder Völkern sein, das legitime Identifikationsbedürfnis ist nicht auf die Konstruktion von Feindbildern angewie-

40 sen, und die oft so vordergründigen Argumentationen mit Geschichte zu gegenwärtigen Zwecken werden leichter durchschaubar. Das ist es, was Geschichtswissenschaft als Besinnung auf die Art und Weise, wie uns die Vergangenheit überhaupt zur Verfügung steht, der Öffentlichkeit bieten

45 kann: Geschichtsbewusstsein statt Geschichtsbegehren, Nachdenklichkeit statt selbstgerechter Bestätigung. Das ist zugleich ein Beitrag zu vernünftigem Miteinander in modernen Gesellschaften und zwischen den Völkern und Staaten.

Karl-Ernst Jeismann, Geschichte und Öffentlichkeit. Historie zwischen Vergewisserung und Verführung, herausgegeben vom Landschaftsverband Osnabrücker Land e. V., Bad Iburg 1999, S. 33 f.

1. Klären Sie unbekannte Begriffe im Text.
2. Fassen Sie die wichtigsten Aussagen zusammen.
3. Erklären Sie, was Jeismann unter „Konsensobjektivität" (Zeile 26) versteht. | H
4. Präsentation: Markieren Sie Wortzusammensetzungen, die sich auf „Geschichte" beziehen. Erstellen Sie eine Tabelle oder Liste, in der Sie diese Begriffe erklären.
5. Jeismann verwendet den Begriff „Geschichte" auch dann, wenn er „Vergangenheit" meint. Erläutern Sie den Unterschied zwischen diesen Begriffen. Beurteilen Sie anschließend, ob es nicht anstatt „Geschichtsrekonstruktionen" besser „Vergangenheitsrekonstruktionen" heißen müsste.

M3 Geschichtsbewusstsein und Geschichtskultur: zwei Seiten einer Medaille?

Der Geschichtsdidaktiker Bernd Schönemann (*1954) beschreibt das Verhältnis von innerer (individueller) und äußerer (kollektiver) Seite des Geschichtsbewusstseins wie folgt:

Die Kategorien Geschichtsbewusstsein und Geschichtskultur lassen sich widerspruchsfrei unter dem „Dach" der Zentralkategorie „Geschichtsbewusstsein in der Gesellschaft" ansiedeln, wenn man akzeptiert, dass Gesellschaften ihre Vergangenheit auf zweierlei Weise (bimodal) konstruieren, 5 nämlich individuell und kollektiv. Geschichtsbewusstsein und Geschichtskultur werden dann als zwei Seiten einer Medaille begreifbar: auf der einen Seite Geschichtsbewusstsein als *individuelles* Konstrukt, das sich von außen nach innen, in Internalisierungs- und Sozialisationsprozessen 10 aufbaut; auf der anderen Seite Geschichtskultur als *kollektives* Konstrukt, das auf dem entgegengesetzten Weg der Externalisierung entsteht und objektive[1] Gestalt annimmt. Wer nach Geschichtskultur fragt, der richtet seinen Blick also vornehmlich auf die Außenseite des gesellschaftlichen 15 Geschichtsbewusstseins, wie es uns beispielsweise in Denkmälern, in historischen Festen und Jubiläen oder in Museen entgegentritt. Denkmäler sind „da", auch wenn der Einzelne achtlos an ihnen vorbeigeht oder sie für ganz andere Zwecke, etwa als Treff- oder Aussichtspunkt, nutzt. 20 Feste und Jubiläen werden nicht gefeiert, weil wir uns, jeder für sich, dafür entschlössen, sondern weil der Kalender und der auf ihn fixierte Erinnerungsbetrieb dies so wollen; unsere Museumslandschaft wird immer vielfältiger, obwohl die Mehrheit der Bevölkerung ihr immer noch fremd 25 gegenübersteht. Gewiss: Denkmäler können geschleift, Feiertage abgeschafft, Museen geschlossen werden. Aber *solange* sie existieren, existieren sie unabhängig von unserem subjektiven Wollen und unserer persönlichen Wahrnehmung; sie weisen einen höheren Grad an Dauerhaftigkeit 30 auf und sind beständiger als die historischen Vorstellungswelten Einzelner.

Bernd Schönemann, Geschichtsdidaktik, Geschichtskultur, Geschichtswissenschaft, in: Hilke Günther-Arndt (Hrsg.), Geschichts-Didaktik. Praxishandbuch für die Sekundarstufe I und II, Berlin 2003, S. 11 - 22, hier S. 17

1. Fassen Sie zusammen, wie individuelles und kollektives Geschichtsbewusstsein entsteht. | H
2. Geben Sie Beispiele für die „äußere Seite" des Geschichtsbewusstseins aus dem Text wieder und ergänzen Sie weitere Beispiele, die Sie aus eigener Anschauung kennen.
3. Diskutieren Sie, wer auf welche Weise ganz konkret das kollektive Geschichtsbewusstsein prägt. Argumentieren Sie mithilfe von selbstgewählten Beispielen.

———————————

[1] Gemeint ist hier „materielle".

Aleida und Jan Assmann.
Foto (Ausschnitt) vom Oktober 2018, Frankfurt am Main.

M4 Geschichts- und Erinnerungskultur

Der Historiker Christoph Cornelißen (*1958) erörtert in einem Online-Aufsatz ausgehend von den Konzepten von Jan und Aleida Assmann (*1938 / *1947) die Gemeinsamkeiten und Unterschiede von Geschichts- und Erinnerungskultur:

Obwohl der Begriff „Erinnerungskultur" erst seit den 1990er-Jahren Einzug in die Wissenschaftssprache gefunden hat, ist er inzwischen ein Leitbegriff der modernen Kulturgeschichtsforschung. Während er in einem engen

5 Begriffsverständnis als lockerer Sammelbegriff „für die Gesamtheit des nicht spezifisch wissenschaftlichen Gebrauchs der Geschichte in der Öffentlichkeit – mit den verschiedensten Mitteln und für die verschiedensten Zwecke" definiert wird, erscheint es aufgrund der Forschungs-

10 entwicklung der vergangenen zwei Jahrzehnte insgesamt sinnvoller, „Erinnerungskultur" als einen formalen Oberbegriff für alle denkbaren Formen der bewussten Erinnerung an historische Ereignisse, Persönlichkeiten und Prozesse zu verstehen, seien sie ästhetischer, politischer oder kog-

15 nitiver Natur. Der Begriff umschließt mithin neben Formen des ahistorischen oder sogar antihistorischen kollektiven Gedächtnisses alle anderen Repräsentationsmodi von Geschichte, darunter den geschichtswissenschaftlichen Diskurs sowie die nur „privaten" Erinnerungen, jedenfalls so-

20 weit sie in der Öffentlichkeit Spuren hinterlassen haben.

Als Träger dieser Kultur treten Individuen, soziale Gruppen oder sogar Nationen in Erscheinung, teilweise in Übereinstimmung miteinander, teilweise aber auch in einem konfliktreichen Gegeneinander.

25 Versteht man den Begriff in diesem weiten Sinn, so ist er synonym mit dem Konzept der Geschichtskultur, aber er hebt stärker als dieses auf das Moment des funktionalen Gebrauchs der Vergangenheit für gegenwärtige Zwecke, für die Formierung einer historisch begründeten Identität

30 ab. Sehr deutlich wird dies in den untergeordneten Begriffen der Erinnerungs-, Vergangenheits- oder Geschichtspolitik. Weiterhin signalisiert der Terminus Erinnerungskultur, dass alle Formen der Aneignung erinnerter Vergangenheit als gleichberechtigt betrachtet werden.

35 Folglich werden Textsorten aller Art, Bilder und Fotos, Denkmäler, Bauten, Feste, sowie symbolische und mythische Ausdrucksformen, aber auch gedankliche Ordnungen insoweit als Gegenstand der Erinnerungskulturgeschichte begriffen, als sie einen Beitrag zur Formierung kulturell begründeter Selbstbilder leisten. [...]

40 [Die Diskussion der letzten Jahre konzentriert sich] vor allem auf zwei weitere Schlüsselbegriffe. Hierbei handelt es sich zum einen um das „kommunikative" sowie zum anderen um das „kulturelle" Gedächtnis. Der erstgenannte Terminus bezieht sich auf die Erinnerung an tatsächliche

45 beziehungsweise mündlich tradierte Erfahrungen, die Einzelne oder Gruppen von Menschen gemacht haben. Im Fall des kommunikativen Gedächtnisses ist die Rede von einem gesellschaftlichen „Kurzzeitgedächtnis", dem in der Regel maximal drei aufeinanderfolgende Generationen zuzu-

50 rechnen sind, die zusammen eine „Erfahrungs-, Erinnerungs- und Erzählgemeinschaft" bilden können. Während diese im unaufhörlichen Rhythmus der Generationenabfolgen meist leise und unmerklich vergeht, wird das „kulturelle Gedächtnis" als ein epochenübergreifendes Konst-

55 rukt verstanden. Im Allgemeinen wird damit der in jeder Gesellschaft und jeder Epoche eigentümliche Bestand an Wiedergebrauchs-Texten, -Bildern und -Riten bezeichnet, „in deren ,Pflege' sie ihr Selbstbild stabilisiert und vermittelt". Es ist „ein kollektiv geteiltes Wissen vorzugsweise

60 (aber nicht ausschließlich) über die Vergangenheit, auf das eine Gruppe ihr Bewusstsein von Eigenheit und Eigenart stützt".

Nach: https://docupedia.de/zg/Erinnerungskulturen_Version_2.0_ Christoph_Corneli%C3%9Fen (Zugriff: 28. April 2017; die Einzelnachweise wurden im Text entfernt)

1. Definieren Sie ausgehend vom Text folgende Begriffe: Erinnerungskultur, kommunikatives und kulturelles Gedächtnis.

2. Erklären Sie „kollektives Gedächtnis".

3. Diskutieren Sie, inwiefern es bedeutsam ist, zwischen Geschichts- und Erinnerungskultur zu unterscheiden.

Kernmodul

1.2 Kernmodul: Historische Erinnerung

Geschichte ist überall? | „Vergangenheit" und „Geschichte" sind in unserer Gesellschaft unübersehbar. Alte Burgen, Schlösser, Kirchen und Rathäuser, Denkmäler und andere bauliche und gegenständliche Zeugnisse der Vergangenheit sind in unserem Alltag präsent. Schon in der Kindheit werden wir mit „Geschichte" konfrontiert: durch Spielzeug, wie Lego-Ritter, durch Zeichentrickserien, historische Kinderbücher, Comics und Filme. Auch wenn diese Angebote nur selten wissenschaftlichen Ansprüchen genügen – das ist nicht ihr Ziel oder ihre Aufgabe – schaffen sie doch erste Berührungspunkte mit der Geschichtskultur. Dies wurde seitens der Geschichtswissenschaft und -didaktik nicht immer nur als Chance begriffen, sondern auch kritisiert (→M1).

Im Schulfach Geschichte wird solchen Angeboten die wissenschaftsorientierte Beschäftigung mit Vergangenheit an die Seite gestellt. Zudem wird auch der Umgang mit geschichtskulturellen Angeboten thematisiert, nicht zuletzt weil diese wichtige Mittel sind, sich außerhalb von und nach der Schulzeit weiter mit Geschichte zu befassen.

Rattenfänger-Freilichtspiele in Hameln.
Foto von 2005.
Der Rattenfänger, hier gespielt von Jürgen Rinne, lockt mit seinen Flötenklängen die „Ratten" an. Von Mitte Mai bis Mitte September führen jeden Sonntag rund 80 bis 100 Laienschauspieler die Rattenfängersage in der Innenstadt von Hameln auf.

Merkmale historischer Narrationen | „Geschichte" entsteht nicht durch die bloße Aneinanderreihung von Fakten und Ereignissen. Chroniken und andere chronologische Auflistungen sind daher keine „Geschichte" im eigentlichen Sinn. Erst die sinnvolle Verknüpfung zeitdifferenter Ereignisse machen aus derartigen Fakten und Zahlen „Geschichte" (*Sinnstiftung*). Als solche sind sie erzählend, narrativ.

Geschichtserzählungen bzw. historische Narrationen unterscheiden sich von anderen Erzählformen durch bestimmte Merkmale. So lässt sich „Geschichte" nur im Rückblick konstruieren (*Retrospektivität*). Häufig stellt sich erst im Nachhinein heraus, dass ein Ereignis eine besondere Bedeutung hat oder in welchem Zusammenhang Ereignisse stehen. „Wir" blicken aus unserer Gegenwart in die Vergangenheit, kennen bereits den weiteren Verlauf und können daher solche Verknüpfungen herstellen. Dies ist auch ein grundlegender Unterschied zwischen Quellen, die zeitnah von den Zeitgenossen verfasst werden, und der nachträglichen Rekonstruktion und Deutung durch Historiker: Während der Zeitgenosse die Auswirkungen der Ereignisse nicht sicher vorhersagen, allenfalls vermuten oder befürchten kann, blickt der Historiker in Kenntnis möglicher Fortentwicklungen und Konsequenzen auf diese Zeit zurück.

Ein weiteres Merkmal historischer Narrationen ist die Intention des Verfassers. Hier sind unterschiedliche Sinnstiftungs- oder auch Erzählabsichten zu unterscheiden. In der Geschichtswissenschaft werden sie als traditionales, exemplarisches, genetisches oder kritisches Erzählen bezeichnet (→M2).

Historische Erzählungen „funktionieren" je nach Gattung ganz unterschiedlich (*Medialität*). So erzählt ein Geschichtsroman anders als eine Festrede oder eine Geschichtsdokumentation und dennoch wollen sie auf ihre je unterschiedliche Weise gesellschaftliche Geschichtsbedürfnisse befriedigen.

Formen von Geschichtskultur | Es ist vor allem die Aufgabe von Gedenk-
feiern, Archiven und Museen, das „kulturelle Gedächtnis" aufzubauen, zu
bewahren und der Öffentlichkeit zugänglich zu machen. Damit prägen sie
das individuelle Geschichtsbewusstsein Einzelner und repräsentieren
gleichzeitig Aspekte der kollektiven Geschichts- und Erinnerungskultur.
Dass auch sie eine Auswahl der zu archivierenden und auszustellenden
Quellen treffen müssen, ist nicht unproblematisch (→ M3).

Geschichtskulturelle Angebote bedienen ganz unterschiedliche Bedürfnisse. Vor allem, wenn sie sich an ein größeres Publikum richten oder
im Unterhaltungssektor gegen andere Freizeitangebote behaupten wollen, tritt die Triftigkeit[1] der Darstellung häufig hinter unterhaltenden und
dramatisierenden Elementen zurück. Fakten werden kreativ mit Fiktionen
vermischt. Dies betrifft nicht nur Angebote wie Geschichtsspielfilme, -ro-
mane, -comics oder Brett- und Computerspiele historischen Inhalts. Auch
andere Gattungen, die sich in ihrem Selbstverständnis wie auch in der öffentlichen Wahrnehmung als wissenschaftsorientiert verstehen, greifen
zunehmend auf unterhaltende Elemente zurück. Das betrifft nicht nur
Geschichtsdokumentationen, sondern auch Ausstellungen oder Reenact-
ments wie Mittelaltermärkte, Ritterturniere oder Living History.[2]

Kritische Auseinandersetzung mit Geschichtsdarstellungen | Der Ge-
schichtsdidaktiker *Hans-Jürgen Pandel* hat Bereiche definiert, die auf ihre
Triftigkeit oder Authentizität untersucht werden können (→ M4). Es bleibt
dennoch schwierig, die „Korrektheit" der Darstellung zu überprüfen. Da
den meisten Menschen nicht zuzumuten ist, sich in ihrer Freizeit den oft nur schwer
verständlichen Forschungsstand zu erarbeiten, müssen andere Wege aufgezeigt werden. Das Internet bietet hierzu zahlreiche Hilfestellungen, wenngleich die Nutzung
nicht unproblematisch oder einfach ist. Rezensionen zu Ausstellungen, Reaktionen auf
Gedenkfeiern und Jubiläen oder populärwissenschaftliche Fachbücher bzw. Ge-
schichtsmagazine können dabei hilfreich sein. Wichtig ist zudem, die jeweiligen Angebote auf ihre Sinnstiftungsintention zu untersuchen. Dies gibt Hinweise darauf, ob es
sich eher um geschlossene oder offene Darstellungen handelt. Das meint Darstellungen, die mit einem nicht zu hinterfragenden Wahrheitsanspruch auftreten, bzw. solche,
die deutlich machen, dass sie das Ergebnis von Interpretationen sind, die kritisch
überprüft und diskutiert werden sollen. Traditional intendierte Angebote entziehen
sich z. B. in der Regel der Kritik und Überprüfung, weil es ihre Aufgabe ist, Traditionen
zu begründen oder zu pflegen, und nicht, sie infrage zu stellen.

Grundsätzlich folgt eine kritische Auseinandersetzung mit Geschichtsdarstellungen dem aus dem Geschichtsunterricht bekannten kritischen Verfahren, das bei der
Quellenanalyse angewendet wird: Wer erzählt wann wem wie was warum? Allein schon
das Nachdenken darüber, was ein Film, eine Ausstellung oder ein Internetangebot mit
der Darstellung bezwecken könnte, kann helfen, sich in kritische Distanz zum Dargestellten zu setzen. Im Idealfall wird hierdurch Neugier geweckt, die dazu führt, dass sich
ein Betrachter näher mit der Thematik befasst.

Sehusafest.
Foto von 2014, Seesen.
Das Foto zeigt zwei Darsteller auf dem
Sehusafest im niedersächsischen Seesen. Mit rund 1 000 Akteuren gilt es als
größtes Historienfest Norddeutsch-
lands. Das Sehusafest wird seit 1975
am ersten Wochenende im September aufgeführt und zeigt Szenen aus
der Stadtgeschichte von Seesen.

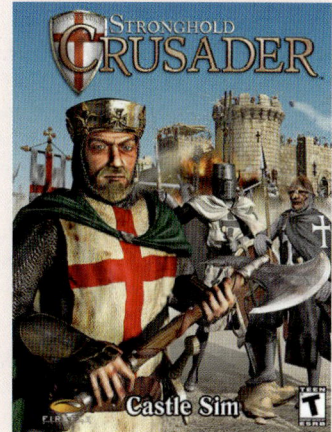

**Cover des Computerspiels
„Stronghold Crusader".**
In dem 2002 veröffentlichten Strate-
giespiel kann der Spieler in die Rolle
eines christlichen oder muslimischen
Fürsten zur Zeit der Kreuzzüge
schlüpfen.

---

[1] Über den Begriff „Triftigkeit" informiert Seite 9.
[2] Siehe die Abbildungen auf Seite 14 und 15.

M1 Geschichte und Öffentlichkeit

Der Geschichtsdidaktiker Karl-Ernst Jeismann (1925–2012) hält 1998 einen Vortrag, in dem er sich mit dem Verhältnis von Geschichte und Öffentlichkeit auseinandersetzt:

Überall ist Geschichte wieder präsent. Wie sich ein ausgetrockneter Schwamm vollsaugt, so füllt Historisches heute unsere Umwelt. Geschichte hat Marktwert bekommen. Wo es Anlässe gibt, bilden sich große und kleine Geschichts-
5 betriebe. Dies Phänomen einer neuen Geschichtsbegierde brachte eine Unzahl neuer Museen, die das Abgelöste in Erinnerung zu halten versuchen. [...] Ein museales Netz repräsentiert in der Öffentlichkeit Vergangenheit in vielfältiger Form. Geschichte wird zum Freizeitvergnügen. [...]
10 Und nun gar die Medien: Die Serien zum Zweiten Weltkrieg, zum Nationalsozialismus, aber auch zur frühen Bundesrepublik erfreuen sich großer Zuschauerzahl und intensiver Besprechungen in den Zeitungen; die Computerspiele mit historischen Themen schießen ins Kraut.
15 Schließlich die Denkmäler: Sie sind heute wieder ein ernstgenommenes Medium historischer Anreicherung der Umwelt. Und nun erst die Erinnerungsfeiern: Jeder Ort, der etwas auf sich hält, präsentiert seine Geschichte öffentlichkeitswirksam. [...]
20 Für jedermann ist die Vergangenheit ein Gegenstand der Neugierde auf dem Spektrum von Schaulust, Sentimentalität, Wissbegier, Nachdenklichkeit. Es wirkt die Faszination des zeitlich Fremden, in dessen Gewand man einmal schlüpfen möchte. [...]
25 Es demonstriert aber die Lust an der Geschichte, das spielerische Umgehen mit ihr und eine Annäherung durch Nachahmung. Ernsthafter, ohne die Nebenabsicht, sich selbst durch das Medium der Geschichte in Szene zu setzen, sind Begegnungen mit echten Überresten – an dieser Stelle
30 liegt das Beispiel Kalkriese nahe, wo u. a. eine originale römische Steinschleuder in Aktion zu sehen war. [...]
Historische Neugier sucht das zeitlich Ferne, das Andere, oft das Kuriose. Viel nachhaltiger treibt die Frage nach der eigenen Geschichte die Menschen zur Suche nach Überresten,
35 Zeugnissen oder Erzählungen, die sie selbst betreffen. Mit dem Stichwort der Identitätsbildung oder Identitätswahrung durch öffentliche Darstellung von Geschichte kommen wir aus dem bunten Vordergrund vielfältiger Begegnungen mit Geschichte in ein schwieriges Feld. [...] Subjektive Identität,
40 Ich-Identität, die uns Gewissheit darüber gibt, wer wir sind, wo wir herkommen und hingehören nach Ort und Zeit, wie wir urteilen und handeln, ist immer verbunden mit sozialen, kollektiven Identitäten, d. h. mit dem Willen und der Fähigkeit von Gruppen, sich selbst als etwas Besonderes, Eigentüm-
45 liches zu erkennen, damit auch abzugrenzen von anderen und allen Mitgliedern einen im Kern gemeinsamen, anerkannten Kanon von Vorstellungen, Gewissheiten und Lebensformen zu vermitteln. [...] Wie der Einzelne sich selbst in seiner persönlichen oder Familiengeschichte wiederfindet, so finden sich
50 Völker und Gesellschaften in der Geschichte allgemein. [...]

Deshalb ist Vergewisserung der eigenen Geschichte immer mehr als Neugier oder Spiel; sie ist eine Existenzbeglaubigung von Gemeinschaften. Sie muss gezeigt und bezeugt, öffentlich sichtbar werden durch Erinnerungs- und Bestätigungsrituale: Symbole, Erzählungen, Lieder, Feiern. [...] 55
Bei solchen Feiern oder demonstrativen Gemeinsamkeiten geschieht nun immer auch die Auslöschung anderer Erinnerungen im gleichen Kontext. Die Fragwürdigkeiten und Gräuel der Französischen Revolution [...] werden bei dieser kollektiven Vereinnahmung der Geschichte durch eine 60 fröhlich feiernde Öffentlichkeit ebenso verdrängt wie die Vernichtung, Umsiedlung oder Dekulturation der Indianerstämme infolge der Entstehung der USA.
Hier stoßen wir auf eine Problematik des Umgangs der Öffentlichkeit mit ihrer Geschichte. Sie ist in hohem Maße 65 selektiv, verkürzt, manchmal bis zur Verfälschung. Erinnerung wird zur Schauseite, zum Mythos, darf nicht kritisiert werden. [...]
Historische Fundamente der Identität werden lebenslang gegründet – kurzfristiger greifen Legitimationsstrategien 70 auf die Öffentlichkeit zu. Hier wird Geschichte benutzt, um gegenwärtige Ansprüche oder Entscheidungen zu rechtfertigen. [...] Ihr wichtigstes Medium sind politische Reden, Broschüren, Weiß-, Rot- oder Schwarzbücher. Es gibt Untersuchungen dieses Phänomens, die zeigen, dass Geschichte 75 in dieser Funktion in der Öffentlichkeit immer wieder eingesetzt wird, sei es als gezielte politische Strategie der Meinungsbeeinflussung, sei es als Erklärung bestimmten Verhaltens im Großen wie im Kleinen. Ansprüche auf Land und Herrschaft werden so gerechtfertigt [...]. [...] 80
Das wichtigste Instrument des Argumentierens mit Geschichte ist das historische Exempel. Der ungeheure Vorrat an Geschichte dient als Beispielsammlung zum überzeugenden Beweis für die Richtigkeit dieses oder jenes Handelns oder Urteilens. Historie als das Archiv von Erfahrungen, aus 85 denen zu lernen ist: Das leuchtet unmittelbar ein. [...]
Ebenso eindrucksvoll, dabei aber stärker auf historisches Wissen spekulierend ist die Konstruktion von Analogien und Kontinuitäten, so [...] wenn im Dienste der gewollten europäischen Einigung die europäische Gemeinsamkeit 90 durch die Jahrhunderte aufgedeckt oder beschworen wird und als eine aufsteigende Linie erscheint, die notwendig zum Zusammenschluss führen müsse. [...]
Es ist eine Strategie der Überredung der Öffentlichkeit zu bestimmten Denkweisen und Handlungen, aber auch eine 95 Verführung für den so Argumentierenden selbst. Dieser Gebrauch von Geschichte ist immer problematisch, operiert nur mit Halb- oder Teilwahrheiten, verkennt, dass Geschichte nicht das immer Gleiche, sondern das sich immer Wandelnde ist – und trotzdem bleibt dieser Umgang mit ihr 100 offenbar eine unvermeidliche Art, historische Erfahrung auf die Gegenwart zu beziehen.

Karl-Ernst Jeismann, Geschichte und Öffentlichkeit. Historie zwischen Vergewisserung und Verführung, herausgegeben vom Landschaftsverband Osnabrücker Land e. V., Bad Iburg 1999, S. 1–36

1. **Präsentation:** Überlegen Sie vor der Quellenlektüre, welche „Formen" von Geschichte Sie aus dem öffentlichen Raum kennen. Erstellen Sie eine Tabelle, in der Sie diese Geschichtsangebote auflisten. Legen Sie eine Spalte mit dem Oberbegriff „Funktion" an.

2. Fassen Sie die wesentlichen Argumente Jeismanns bezüglich des Verhältnisses von Geschichte und Öffentlichkeit in eigenen Worten zusammen. **| H**

3. Geben Sie die von Jeismann genannten Formen von Geschichte wieder. Vergleichen Sie sie anschließend mit den von Ihnen vor der Lektüre aufgeführten Beispielen (siehe Aufgabe 1).

4. Ergänzen Sie Ihre Tabelle um die von Jeismann genannten Aspekte und Beispiele. Beurteilen Sie ihre jeweilige Funktion.

M2 Erzähltypen nach Rüsen

Auf dem Wiki der Pädagogischen Hochschule Karlsruhe fasst ein Autorenteam die Erzähl- und Sinnbildungstypen nach Jörn Rüsen (*1938) zusammen:

1. Traditionelles Erzählen / traditionale Sinnbildung
[...] Geschichten, die dem traditionellen Erzählen angehören, erinnern an „verpflichtende Ursprünge" [...] und „an ihre ständige Durchsetzung, Wiederkehr und Resistenz im Wan-
5 del der Zeit" (Kontinuität der Ursprünge). Nach Rüsen ist der Ursprungsmythos eine besonders „reine Form dieses Typs". Andere Beispiele wären Stiftungsgeschichten, Herrschaft legitimierende Genealogien, Rückblicke in Jubiläen(reden). Die traditionale Sinnbildung übersieht dabei den Wandel der
10 Verhältnisse über die Zeit. „Alles" bleibt demnach „beim Alten. Dinge die einmal erreicht wurden gelten als weiterhin gültig, Verlorenes als unwiederbringlich." [...]

2. Exemplarisches Erzählen
Die exemplarische Sinnbildung gilt als komplexer als die
15 traditionale Sinnbildung, da sie Veränderungen im Wandel der Zeit anerkennt. Diese Veränderungen werden als Wandel zwischen verschiedenen Fällen derselben Art verstanden. Das heißt Einzelfälle sind nur Beispiele für eine allgemeingültige Regel. Diese Regel gilt überzeitlich. Aus der
20 Betrachtung von einzelnen oder mehreren Fällen, die auf eine Regel abzielen, kann man somit für die Zukunft lernen. [...] Exemplarisches Erzählen erinnert somit an Sachverhalte der Vergangenheit, die Regeln gegenwärtiger Lebensverhältnisse konkretisieren. Kontinuität wird hierbei als
25 Geltung dieser Regeln vorgestellt. Exemplarische Erzählungen sind durch die klassische Devise „historia magistra vitae"[1] charakterisiert, d.h. als Vorbildergeschichten Regelwissen und eine „Moral" vermitteln. Im Grunde genommen

bleibt auch hier alles beim Alten. Beispiele für exemplarisches Erzählen sind Geschichten, die von Herrschertaten 30 erzählen und Regeln des klugen Herrschens [...]. Das traditionale und das exemplarische Erzählen entsprechen dem Anforderungsbereich der Reproduktion.

3. Kritisches Erzählen
Kritische Erzählungen stellen Abweichungen dar, die gegen- 35 wärtige Lebensverhältnisse infrage stellen, d.h., bestehende Orientierungen und Vorstellungen werden aufgrund gegenteiliger Erfahrungen im Umgang mit vergangenem Material außer Kraft gesetzt. Hier spricht man eher von einer „Anti-Kontinuität", die sich als Veränderung vorgegebener 40 Kontinuitätsvorstellungen in Form von Abgrenzung, Abweisung oder strikter Negation von Standpunkten zu verstehen gibt. Es kommt zum Bruch von Kontinuität. [...] Es sollen alternative Möglichkeiten aufgezeigt werden und eingefahrene historische Klischees widerlegt werden, indem empirisch auf 45 widersprechende Erfahrungen verwiesen wird. Damit leugnet die kritische Sinnbildung, dass es eine allgemeingültige Regel, wie beim exemplarischen Erzählen gibt. [...] Das kritische Erzählen entspricht in der Schule dem Anforderungsbereich der Reorganisation, dieser beinhaltet das selbstständige Er- 50 klären und Anwenden von Gelerntem und dessen Transfer.

4. Genetisches Erzählen
Die genetische Sinnbildung stellt die zeitliche Veränderung der historischen Deutungsarbeit in den Mittelpunkt. Genetisches Erzählen „erinnert an qualitative Veränderungen in 55 der Vergangenheit, die andere und fremde Lebensverhältnisse in eigene münden lassen". [...] Es wird versucht den Zusammenhang zwischen Vergangenheit, Gegenwart und Zukunft herzustellen, damit eine „gerichtete Veränderung" angenommen werden kann. Kontinuität tritt hier als Ent- 60 wicklung ins Bild mit dem Ziel, die Richtungen dieser Veränderungen zu erkennen. In diesem Zusammenhang bedeutet historische Orientierung zu erkennen, in welche „Richtung" sich die Verhältnisse geändert haben, und diese Entwicklung in der Zukunft ermitteln zu können. Als kate- 65 goriale Beispiele sind bei der genetischen Sinnbildung die Entwicklung oder der Fortschritt zu nennen [...].
Nach Rüsen treten seine Sinnbildungstypen nie in Reinform auf, sondern immer in charakteristischen Kombinationen bzw. Mischformen, wobei eine dominant sei. 70

Nach: http://geoges.ph-karlsruhe.de/mhwiki/index.php5/Narration_Grundlagen (Zugriff: 28. April 2017; die Einzelnachweise wurden im Text entfernt)

1. Fassen Sie die Hauptmerkmale der vier Erzähltypen in eigenen Worten zusammen.

2. Arbeiten Sie heraus, welche Erzähltypen bzw. Sinnbildungsmuster Ihr Geschichtsschulbuch oder ein anderes geschichtskulturelles Angebot bietet. Begründen Sie.

3. **Partnerarbeit:** Welches Sinnbildungsmuster von „Geschichte" erscheint Ihnen am wichtigsten? Erörtern Sie Ihnen bekannte Beispiele.

---

[1] **historia magistra vitae**, dt. Übersetzung: Geschichte (ist) Lehrmeisterin des Lebens

M3 Sammeln und bewahren – nur was und was nicht?

Museen und Archive stellen aus, bewahren und sammeln nach Schwerpunkten. Die Stiftung Haus der Geschichte der Bundesrepublik Deutschland informiert im Internet über sein Sammlungskonzept:

1986 beginnt die Stiftung Haus der Geschichte mit dem Aufbau zeithistorischer Sammlungen. Aufgenommen werden Objekte, die sich eignen, um Zeitgeschichte materiell zu dokumentieren und auszustellen: Gebrauchsgegen-
5 stände, Dokumente, Filme und andere Medien, Zeitschriften, Maschinen, Möbel, Textilien und vieles mehr. Heute umfassen unsere Sammlungen 1 Million Objekte. Neben materiellen Objekten sammelt die Stiftung zunehmend auch digitale Objekte.
10 Mindestens drei Kriterien sind ausschlaggebend dafür, ob ein Gegenstand, Dokument oder Medium Teil unserer Sammlung wird: Ist das Objekt typisch für seine Zeit (z. B. eine FDJ-Bluse) oder absolut einmalig (wie etwa der „Schabowski-Zettel")? Ist es drittens mit einer besonderen Aussa-
15 gekraft verbunden? Immer gilt, dass vor allem diejenigen Objekte spannend sind, die für sich selbst oder im Zusammenhang mit anderen eine Geschichte erzählen. Der Seesack etwa, den Elvis Presley 1958 zu Beginn seines Wehrdienstes in die Bundesrepublik mitbringt, steht für die Bedeutung der
20 amerikanischen Popkultur in Deutschland und für einen Aspekt des Kalten Krieges. Und für Elvis-Fans hat er darüber hinaus eine besondere emotionale Bedeutung!
Die Sammlungstätigkeit ist eine wichtige Grundlage unserer musealen Arbeit in Bonn, Leipzig und Berlin. Wir tragen
25 dazu bei, ein „kulturelles Gedächtnis" unserer Gesellschaft mit aufzubauen. Unsere Aufgabe ist, das zeitgeschichtliche Geschehen aufmerksam zu verfolgen, dessen Einbeziehung jüngerer geschichtlicher Ereignisse in die Ausstellung zu prüfen, Sammlungsbereiche zu erweitern und infrage kom-
30 mende Objekte zu sammeln. Als Museum für deutsche Zeitgeschichte sammeln wir Objekte von 1945 bis heute entlang der Ausstellungsthemen – auch nach dem Grundsatz „Von der Straße ins Museum".
Für uns heißt das: Ob Flüchtlingskrise, „Brexit" oder deut-
35 scher WM-Titel, wir bewerten, welche aktuellen Entwicklungen zeitgeschichtlich relevant werden können und übernehmen Objekte für unsere Sammlung, die eine damit verbundene Geschichte erzählen.

Nach: www.hdg.de/haus-der-geschichte/sammlung/ (Zugriff: 30. Juli 2018)

1. Beschreiben Sie die wichtigsten Aspekte der Sammlungstätigkeit des Hauses der Geschichte.

2. Erläutern Sie die drei Kriterien, nach denen das Haus der Geschichte seine Objekte auswählt.

3. Erörtern Sie, welche Überlieferungslücken durch die Schwerpunktbildung entstehen könnten.

4. Diskutieren Sie in der Klasse Möglichkeiten und Grenzen von Museen, das kulturelle Gedächtnis aufzubauen.

5. Verschaffen Sie sich über die Suchmaske des Internetauftrittes vom Haus der Geschichte einen Überblick über die gesammelten Materialien. Wählen Sie eigene Objekte zu verschiedenen Kategorien aus und schlagen Sie sie dem Haus der Geschichte zur Aufbewahrung / zukünftigen Ausstellung vor. Begründen Sie Ihre Vorschläge nach den im obigen Text angegebenen Auswahlkriterien.

M4 Wahrheit der Fiktion

Am Beispiel von Jugendbüchern zum „Dritten Reich" differenziert der Geschichtsdidaktiker Hans-Jürgen Pandel (*1940) fünf Typen, nach denen der „Wahrheitsgehalt" bzw. der Authentizitätsgrad von Geschichtserzählungen untersucht werden kann:

a) Faktenauthentizität
Ein Jugendbuch ist fakten- und ereignisauthentisch, wenn die geschilderten Personen wirklich gelebt und die erzählten Ereignisse tatsächlich vorgefallen sind. [...] Eine solche Faktenauthentizität, bei der die Existenz aller Personen und 5 die Tatsächlichkeit jedes Ereignisses dokumentarisch gesichert ist, würde es nicht erlauben, ein fiktives Buch zu schreiben, das zugleich anschaulich und spannend ist. Zu dürftig wäre die schriftstellerische Gestaltungsmöglichkeit, wenn der Autor nur solche Figuren aufnehmen könnte und 10 Ereignisse berichten dürfte, für die ihm Quellenbelege vorliegen. Zu lückenhaft sind zudem Alltagsszenen, menschliche Gefühlslagen, Fantasien und Gedanken in den Quellen repräsentiert; zu unergiebig sind die vorliegenden Quellen, um Anschaulichkeit zu erzeugen. Die fiktive Darstellung 15 muss mit der Faktenauthentizität großzügiger umgehen können, wenn sie ihre Arbeit ernst nimmt. Allerdings sind ihr dabei auch enge Grenzen gesetzt.
Sie darf die historische Situation, in der die Geschichte spielt, nicht abändern, die Periodisierungen dürfen nicht 20 verschoben werden und die Ereignisabläufe der historischen Großchronologie muss unverändert erhalten bleiben, die Mentalitäts- und Interessenlagen sozialer Gruppen müssen dem Forschungsstand entsprechen.

b) Typenauthentizität 25
Ein Jugendbuch ist typenauthentisch, wenn es die dargestellten Personen zwar nicht als individuelle Personen, aber doch als Typus gegeben hat. Auch Ereignisse müssen sich

nicht ereignet haben, aber das geschilderte Ereignis muss einen typischen, damals wiederholt vorgekommenen Ereignistyp schildern. [...]

c) Erlebnisauthentizität

Ein Jugendbuch ist erlebnisauthentisch, wenn die dargestellten inneren Erfahrungen subjektiv authentisch sind. Sie sind dann authentisch, wenn der Erzähler die geschilderten Erfahrungen, Gefühle und Gedanken in der erzählten Situation tatsächlich gehabt hat. [...]

Erlebnisauthentizität ist kaum mit den üblichen historischen quellenbezogenen Mitteln nachzuweisen. Eine solche Erlebnisauthentizität verlangt daher Informationen über die Biografie eines Autors oder der Autorin, die ihre inneren Erlebnisse wiedergibt. Die Fakten- und Typenauthentizität darf in solchen Erzählungen großzügiger gehandhabt werden. Ihr muss man sogar einen größeren Spielraum einräumen, da seine Gefühle, Assoziationen und Fantasien die Logik von Raum und Zeit und die Gesetze der Rationalität durchbrechen. [...]

d) Quellenauthentizität

Die Forderung nach Authentizität kann sich auch auf ein Buch als Ganzes richten. Es handelt sich dann um Bücher, deren Texte oder Bilder zu derjenigen Zeit entstanden sind, über die dieses Buch berichtet. Die bekanntesten Prosabeispiele für diesen Typ der Authentizität sind die Tagebücher der Anne Frank [...]. Es sind die Bücher, die insgesamt eine Quelle sind, weil sie während der Zeit, über die sie Auskunft geben, entstanden sind. Ein Buch ist quellenauthentisch, wenn der gesamte Buchtext ein quellenauthentischer Text ist. Den Beweis ihrer Quellenauthentizität treten diese Bücher meist dadurch an, dass sie Faksimiles[1] der Originalseiten mitdrucken. [...]

e) Repräsentationsauthentizität

Die Authentizität des erzählten Zusammenhangs kann durch die Auswahl der Ereignisse erreicht, aber verfehlt werden, die in die Geschichte eingehen. Die in einem Jugendbuch dargestellten Ereignisse und Schicksale müssen sich in die Hintergrundnarrativität der bekannten Geschichte des Dritten Reiches einordnen lassen, ohne zu ihr in Widerspruch zu treten. Die geschilderten Ereignisse und Situationen müssen in dem Sinne exemplarisch sein, dass sie Schicksale repräsentieren, die häufig vorgekommen sind. Der geschilderte Ereigniszusammenhang, der zwar individuelle und unverwechselbare Personen zeigt, muss dennoch von allgemeiner Gültigkeit sein. Er soll für viele Schicksale stehen und darf nicht so einmalig sein, dass er nur auf ein einziges Leben zutrifft. Viele Zeitzeugen müssen sagen können: So etwas Ähnliches habe ich auch erlebt, und so etwas ist oft vorgekommen. Erst wenn die geschilderten Ereignisse exemplarisch für den Ereigniskomplex Holocaust sind, erhalten sie Plausibilität und die dargestellte Geschichte Gültigkeit.

Die Vielfalt der Authentizitätsformen macht deutlich, dass es die einfache antagonistische[2] Gegenüberstellung von Fiktion und Wahrheit nicht gibt. Wenn historische Jugendbücher geschichtliche Themen aufgreifen, müssen sie auf einer der genannten Authentizitätsebenen Wahrheitsansprüche einlösen, sonst bringen sie sich um die Chance, einen Bezug zur historischen Wirklichkeit herzustellen. Kein historisches Jugendbuch wird allen Authentizitätsansprüchen gleichzeitig nachkommen wollen [...].

Hans-Jürgen Pandel, Die Wahrheit der Fiktion. Der Holocaust im Comic und Jugendbuch, in: Bernd Jaspert (Hrsg.), Wahrheit und Geschichte. Vom Umgang mit deutscher Vergangenheit, Hofgeismar 1993, S. 72–108, hier S. 92–104

1. Geben Sie die Merkmale der verschiedenen Authentizitätsbereiche stichpunktartig wieder. | **F**

2. Diskutieren Sie an einem selbstgewählten Beispiel, welche Probleme für Geschichtsproduzenten auftreten, wenn sie für ihre Darstellung eine größtmögliche Authentizität erreichen wollen.

3. „Typenauthentizität" heißt auch, dass die handelnden Figuren ihrer Zeit gemäß typisch denken, handeln und sprechen. Erörtern Sie, welche Probleme ein Romanautor oder ein Filmemacher haben kann, wenn er eine Geschichtsdarstellung der Antike oder des Mittelalters vorhat. Entwickeln Sie Lösungsvorschläge und diskutieren Sie sie in der Klasse. | **H**

---

[1] **Faksimile:** originalgetreue Nachbildung einer Vorlage

[2] **antagonistisch:** gegensätzlich

Orientierung

1.3 Pflichtmodul: Nationale Gedenk- und Feiertage in verschiedenen Ländern

Gedenk- und Feiertage sind Formen der öffentlichen Erinnerung an bedeutsame, meist nationale Ereignisse oder Personen. Sie erinnern an gemeinsame Ursprünge, an gemeinsame Freuden oder Leiden, an überstandene Kämpfe, an Siege oder Niederlagen. Aber welche Merkmale kennzeichnen eigentlich Gedenk- und Feiertage? Werden sie immer „von oben", also vom Staat, angeordnet? Wie werden sie in Deutschland, Europa oder in Amerika gefeiert? Welche Gemeinsamkeiten und Unterschiede gibt es zwischen den Ländern? Und wieso werden Gedenk- und Feiertage auch manchmal wieder abgeschafft? Mit diesen und weiteren Fragen befassen sich die folgenden Teilkapitel. Im Fokus stehen nationale Gedenk- und Feiertage verschiedener Länder wie Deutschland, Polen und die USA. Daneben soll aber auch mit dem „27. Januar" ein internationaler Gedenktag beleuchtet werden.

Das Kapitel beschäftigt sich inhaltlich mit…

der Entstehung und Gestaltung von Gedenk- und Feiertagen in Geschichte und Gegenwart

der Dekonstruktion nationaler Gedenk- und Feiertage anhand von ausgewählten Beispielen

der Rekonstruktion von Gedenk- und Feiertagen

Der 31. Oktober: Gedenktag der Reformation.
Karikatur von Andreas Prüstel.

▶ Beschreiben Sie die dargestellte Szene.

▶ Arbeiten Sie heraus, was der Karikaturist mit seiner Zeichnung kritisiert.

▶ Präsentation: Führen Sie eine kleine Umfrage in der Klasse zu folgender Frage durch: Reformationsfest versus Halloweenfeier – wie begehen Sie den 31. Oktober?

1776 — Der Zweite Kontinentalkongress billigt am 4. Juli die Unabhängigkeitserklärung der britischen Kolonien vom Mutterland. Der Tag gilt als Geburtsstunde der Vereinigten Staaten von Amerika.

Der 4. Juli

1941 — Der „Unabhängigkeitstag" („Independence Day") wird zu einem bezahlten gesetzlichen Feiertag in den USA erklärt.

1791 — Die erste moderne Verfassung Europas wird am 3. Mai in Warschau verabschiedet. Sie ist zudem – nach den USA – die zweite weltweit.

Der 3. Mai

1919 — Der „Tag der Verfassung von 1791" wird zum nationalen Feiertag.

1939 - 1944 — Während der deutschen und sowjetischen Besatzung werden Feiern zum 3. Mai bei Androhung schwerster Strafen untersagt.

1947 — Die kommunistische Regierung in Polen verbietet öffentliche Feiern zum 3. Mai.

seit 1990 — Der „Tag der Verfassung" wird wieder als Nationalfeiertag in Polen begangen.

1918 — Der Sozialdemokrat Philipp Scheidemann ruft in Berlin die „Deutsche Republik" aus. Sie löst das Deutsche Kaiserreich ab.

Der 9. November

1923 — In München scheitert der Hitler-Putsch.

1938 — Pogromnacht in Deutschland. Die Nationalsozialisten beginnen mit der Verfolgung der Juden.

1989 — Fall der Mauer: Die Grenzübergänge nach West-Berlin und in die Bundesrepublik werden geöffnet. Der Mauerfall leitet das Ende der deutschen Teilung ein.

1919 — Reichspräsident Friedrich Ebert unterzeichnet am 11. August die Weimarer Verfassung, die drei Tage später in Kraft tritt.

Der 11. August

1921 - 1932 — Die Weimarer Republik feiert alljährlich den 11. August als Verfassungstag.

1945 — Soldaten der Roten Armee befreien am 27. Januar die Gefangenen des Konzentrationslagers Auschwitz.

Der 27. Januar

1996 — Der 27. Januar wird auf Initiative des damaligen Bundespräsidenten Roman Herzog zum offiziellen deutschen „Tag des Gedenkens an die Opfer des Nationalsozialismus" erklärt.

2005 — Die Vereinten Nationen erheben den 27. Januar zum „Internationalen Tag des Gedenkens an die Opfer des Holocaust" („International Holocaust Remembrance Day").

1990 — Mit dem Beitritt der fünf ostdeutschen Länder und Ost-Berlins zur Bundesrepublik wird am 3. Oktober die deutsche Einheit hergestellt. Der Einigungsvertrag bestimmt den 3. Oktober zum gesetzlichen Feiertag in Deutschland.

Der 3. Oktober

seit 1990 — Die offiziellen Feierlichkeiten zum „Tag der Deutschen Einheit" werden in der Landeshauptstadt desjenigen Bundeslandes begangen, das zu dem Zeitpunkt den Vorsitz im Bundesrat innehat. Traditionell finden am 3. Oktober ein Staatsakt und ein Bürgerfest statt, auf dem sich die Bundesländer präsentieren.

Gedenk- und Feiertage in Geschichte und Gegenwart

Gemeinsames Erinnern | Gedenk- und Feiertage sind Formen kollektiven Erinnerns. Bestimmte Daten im Kalender sind der Erinnerung an bedeutende Ereignisse oder Personen gewidmet. Entweder handelt es sich um jährlich wiederkehrende Gedenk- oder Feiertage (*Jahrestage*, lat. *Annuarien*) oder um *Jubiläen*, die nach einer runden Anzahl von Jahren begangen werden. Gedenk- und Feiertage sind an äußere Formen gebunden. Ablauf und Gestaltung unterliegen häufig einem *Ritual*, mit kaum veränderten, von den Beteiligten zu beachtenden Verhaltensregeln und Inszenierungen. An Gedenk- und Feiertagen wird Erinnernswertes vor dem Vergessen bewahrt, Gefühle werden öffentlich artikuliert und die Erinnernden besinnen sich auf gemeinsame Ziele, Überzeugungen und Wertvorstellungen. Das so organisierte Erinnern kann das Selbstverständnis und den Zusammenhalt von sozialen Gruppen (Familien, lokalen Gemeinden, Verbänden, Glaubensgemeinschaften, Völkern usf.) pflegen oder auch weiterentwickeln.

Herkunft der Gedenk- und Feiertage | Die Praxis des Gedenkens und Feierns an festen Terminen und im jährlichen Rhythmus ist uralt. Sie geht zurück auf das feierliche Totengedenken, das in nahezu allen Kulturen verbreitet ist, sowie auf religiös-kirchliche Traditionen. Juden und Christen vergegenwärtigen seit jeher an Hochfesten die Stationen ihrer Heilsgeschichte. Im Mittelalter entstanden daneben viele christliche Heiligentage, zum Gedenken an örtlich oder landesweit anerkannte Schutzpatrone. Die meisten kirchlichen Feste und Gedenktage waren zugleich arbeitsfreie Feiertage. Seit dem 16. Jahrhundert wurden sie durch die Obrigkeit schrittweise reduziert. Im 18. Jahrhundert forderten Vertreter der Aufklärung wie Jean-Jacques Rousseau die Einführung regelmäßiger *Volksfeste*, veranstaltet als staatliche Gedenk- und Feiertage, an denen sich die Bevölkerung über Standes- und Glaubensgrenzen hinweg als Gemeinschaft erfahren sollte (→ M1). Verwirklicht wurde dieses Konzept erstmals in den USA, die ihre 1776 erklärte Unabhängigkeit zum Anlass für einen jährlichen nationalen Feiertag nahmen.[1]

Nationale Gedenk- und Feiertage | Seit 1790 wurden im revolutionären Frankreich Feiern abgehalten, die an die Überwindung des alten Herrschaftssystems erinnerten. Das Vorbild dieser Revolutionsfeiern strahlte auf die Freiheits- und Nationalbewegungen in ganz Europa ab. Im Lauf des 19. Jahrhunderts kam es in vielen Ländern zur Feier einzelner *Nationalfeste*, zum Gedenken an große Gestalten oder Ereignisse der nationalen Geschichte. Die Feiern dienten als Kundgebungen für Bürgerrechte, Demokratie und nationale Einigung. Sie waren oftmals Ausdruck der Opposition gegen die herrschenden Verhältnisse und wurden von der Obrigkeit bestenfalls geduldet. Im Gegenzug fanden vermehrt *monarchische Feiern* statt (Geburtstage oder Todestag des Throninhabers, Hochzeiten, Krönungsfeiern und -jubiläen usw.), die die Bevölkerung an das Herrscherhaus binden sollten.

    Im letzten Drittel des 19. Jahrhunderts führten viele Länder offizielle *nationale Gedenk- und Feiertage* ein. Diese Jahrestage bezogen sich z.B. auf das Datum der Staatsgründung, einer bedeutenden Schlacht oder einer erfolgreichen Revolution. In jedem Fall sollte ein „heiliger Anfang" (*Michael Mitterauer*), eine entscheidende Wegmarke in der Geschichte des eigenen Landes, gewürdigt werden. Neben diesen Anlässen wurden in Monarchien auch weiterhin die Kaiser- oder Königsgeburtstage als Gedenk- oder Feiertage begangen.

Schutzpatron: im Christentum biblische, legendäre oder historische Gestalt, die als Beschützer/in oder Gründer/in eines Gemeinwesens verehrt wird (z.B. in Paris die Heilige Genoveva, in Venedig der Evangelist Markus, der Heilige Patrick in Irland oder der Heilige Stephan in Ungarn)

Jean-Jacques Rousseau (1713–1778): aus Genf stammender Philosoph und Naturforscher. Seine Schriften über Gesellschaft, Politik und Erziehung beeinflussten u.a. die Französische Revolution.

---

[1] Siehe dazu die Seiten 26 bis 29.

Die nationalen Gedenk- und Feiertage wurden und werden zumeist „von oben" bestimmt, durch Regierung oder Parlament. Auf die Besonderheit des Datums weisen symbolische und zeremonielle Elemente hin (Beflaggung amtlicher Gebäude, Ansprachen, Gedenkveranstaltungen, Schweigeminuten). Dabei gilt nur für Feiertage die gesetzliche Arbeitsruhe.

Das Erinnern bleibt fragmentiert | Mit den im späten 19. Jahrhundert eingeführten Gedenk- und Feiertagen identifizierten sich durchaus nicht alle Teile der Gesellschaft. Im republikanischen Frankreich etwa galt seit 1880 der *14. Juli* als Nationalfeiertag, zum Gedenken an die Französische Revolution, während Anhänger der Monarchie an einem eigenen Gedenktag festhielten (→M2).

Die internationale Arbeiterbewegung in den USA und Europa beging seit 1890 den *1. Mai* (*Tag der Arbeit*) als „Kampftag" der Arbeiterklasse. Zum Gedenken an die blutig niedergeschlagenen Arbeiterproteste in Chicago von 1886 organisierten Gewerkschaften und Arbeiterparteien am 1. Mai alljährlich Streiks und Kundgebungen für Frieden und soziale Gerechtigkeit. Gerade im Deutschen Kaiserreich mobilisierte der Tag der Arbeit alljährlich Hunderttausende. Er stand in starkem Kontrast zum Kaisergeburtstag und zu den Feiern des *Sedantages* am 2. September, die nur den Adel und bürgerliche Schichten ansprachen. Der 1. Mai ist auch ein Beispiel für einen Gedenk- oder Feiertag „*von unten*", da er auf eine gesellschaftliche

Bewegung zurückgeht, ohne anfangs staatlich genehmigt zu sein. Erst 1919 wurde der Tag der Arbeit in Deutschland zum gesetzlichen Feiertag.

Zwang und Offenheit | Ähnlich wie das Deutsche Kaiserreich blieb die Weimarer Republik in der Frage eines Nationalfeiertages gespalten, bedingt durch die tiefen politisch-weltanschaulichen Gegensätze in der Gesellschaft. Ganz anders verfuhr der Nationalsozialismus, der eine Reihe staatlicher Gedenk- und Feiertage einführte, neben Hitlers Geburtstag (20. April) vor allem Daten zum Gedenken an den Aufstieg des Regimes. An diesen Tagen fanden durchgeplante Massenveranstaltungen statt, oft mit der Pflicht zur Teilnahme, in jedem Fall aber als Präsentation einer gleichgeschalteten „Volksgemeinschaft". Auch in der DDR dienten staatliche Gedenk- und Feiertage dazu, der Bevölkerung die herrschende Ideologie aufzunötigen und eine Gesellschaft frei von Widersprüchen vorzuspiegeln.

In den liberalen Demokratien der Gegenwart geht von Gedenk- und Feiertagen kein – formeller oder informeller – Zwang zur Teilnahme aus, eher nehmen die Menschen sie als Angebot wahr. Akzeptanz und Ablehnung sind daher ständig im Fluss.

Die meisten staatlichen Gedenk- und Feiertage werden weiterhin im nationalen Rahmen organisiert. Seit einigen Jahrzehnten ist jedoch eine Tendenz zur Internationalisierung zu beobachten, zumal im Gedenken an die beiden Weltkriege und den Holocaust.[1] Das Erinnern an globale Konflikte und Völkermord wird zunehmend transnational veranstaltet (→M3).

Sedantag auf dem Obermarkt in Görlitz.
Foto von 1895.
Zur Erinnerung an die Schlacht bei Sedan in Nordfrankreich am 1. und 2. September 1870, die den Deutsch-Französischen Krieg vorentschied, fanden im Deutschen Kaiserreich jährliche Gedenkfeiern statt. Der Gedenktag erinnerte an die Gefallenen auf deutscher Seite, das Militär wurde zum Wegbereiter der nationalen Einheit stilisiert.

► Vorbereitung: Recherchieren Sie im Internet über die Schlacht bei Sedan und ihre Bedeutung.

► Beschreiben Sie das Foto.

► Charakterisieren Sie die Stimmung bzw. die Atmosphäre am Sedantag, die der Fotograf mit seiner Aufnahme eingefangen hat.

► Erörtern Sie die Problematik des Sedantages, sowohl im Hinblick auf die Rolle des Militärs in Staat und Gesellschaft wie auch auf das damalige deutsch-französische Verhältnis.

_____
[1] Siehe hierzu das Kapitel zum „27. Januar" auf den Seiten 46 bis 53.

M1 Neue Feiern für das Land

In seinem Werk „Grundfeste zu der Macht und Glückselig-keit der Staaten" entwickelt der Kameralwissenschaftler[1] Johann Heinrich Gottlob von Justi (1720–1771) Richt-linien für eine fortschrittliche Gesetzgebung, Verwaltung, Wirtschafts- und Sozialpolitik. In Hinsicht auf die öffent-lichen Ruhetage empfiehlt er:

Es ist nötig, dass gewisse Tage sind, an welchen sich das Volk erquicken, und von seiner Arbeit erholen und ausru-hen könne. [...] Die Festtage müssen nicht allein bloß in Ausruhung und Erholung von der Arbeit bestehen; sondern
5 es muss auch erlaubt sein, solche den Vergnügungen und Lustbarkeiten zu widmen. [...]
Man muss noch weiter gehen, man muss sogar behaupten, dass die Vergnügungen und Lustbarkeiten zur wirklichen Notdurft[2] des Staats gehören. Ein Staat, dem es ganz und
10 gar daran fehlt, leidet an einer unentbehrlichen Sache Man-gel. [...]
Hierbei aber müssen zur Vergnügung und Ergötzlichkeit des Volkes weltliche Freuden- und Feiertage angeordnet werden. Man müsste sie zu den angenehmsten Jahreszeiten
15 wählen; und eines dieser Freudenfeste müsste wenigstens drei Tage lang dauern. Die Gelegenheiten und Veranlassun-gen dazu würden nicht schwer zu finden sein. Es wird wohl kein Land sein, das nicht das Andenken eines besondern glücklichen Vorfalls, der dem ganzen Lande zustatten ge-
20 kommen wäre, feiern könnte. Ein ehedem erfochtener wichtiger Sieg, der das Land von einer großen Gefahr be-freit hat, eine Errettung aus einer allgemeinen Landesnot, und dergleichen Begebenheiten, würden genügend Veran-lassung zu dergleichen Freudenfesten an die Hand geben
25 können; und wenn es daran mangelte, so würde der Ge-burtstag des Regenten hierzu die Gelegenheit sein können. Die Wohltaten, die ein weiser und gütiger Regent durch seine unermüdete Vorsorge seinen Untertanen erweist, sind so wichtig, dass der Tag, an welchem er der Welt ge-
30 schenkt ist, allerdings ein allgemeines Freudenfest im Lande sein kann. Selbst die Ehrerbietung und Liebe der Untertanen würde dadurch vermehrt werden.

Johann Heinrich Gottlob von Justi, Die Grundfeste zu der Macht und Glückselig-keit der Staaten; oder ausführliche Vorstellung der gesammten Policey-Wissen-schaft, Bd. 2, Königsberg/Leipzig 1761, S. 38 f. und 43 (sprachlich modernisiert)

1. Fassen Sie die Vorschläge Justis thesenartig zusammen.

2. Justi ging in seinen Überlegungen von einem absolutis-tischen Fürstenstaat aus. Erörtern Sie, ob und inwieweit seine Kriterien für staatliche Feiertage auch auf heutige Demokratien anwendbar sind. | **H**

---

[1] **Kameralwissenschaft**: frühere Bezeichnung für Volkswirtschafts-und Verwaltungslehre
[2] **Notdurft**, hier: Bedürfnisse, Erfordernisse

M2 Erinnerungstag: 14. Juli

Die Historiker Étienne François (*1943) und Uwe Puschner (*1954) stellen in einem Sammelband besondere Tage der Geschichte vor, die eine Gesellschaft dauerhaft beschäfti-gen. Nach einer allgemeinen Definition kommen die Auto-ren auf den 14. Juli 1789 in Frankreich zu sprechen:

Bei allen Unterschieden ähneln sich diese Erinnerungstage zumindest in einem Punkt: Allen ist gemeinsam, dass in ihrem Mittelpunkt nicht so sehr das faktische Ereignis steht, das mit einem festen Datum verbunden ist, sondern vielmehr das verwandelte Ereignis, das am Ende einer dop- 5 pelten Metamorphose[3] als Erinnerungstag entstanden ist. Die erste Metamorphose machte aus dem geschichtlichen ein „historisches", die zweite Metamorphose aus dem „his-torischen" ein „erinnerungswürdiges" Ereignis, wobei zu-gleich meistens beschlossen wurde, seiner an einem be- 10 stimmten Tag und in regelmäßigen Abständen zu gedenken. [...]
Der 14. Juli ist ein charakteristisches Beispiel für die sich wiederholenden Wandlungsprozesse, die zu einem Erinne-rungs- bzw. Gedenktag führen. Zu Beginn, am 14. Juli 15 1789, hat man es mit einem Aufruhr größeren Ausmaßes zu tun, der sich in eine Reihe von vergleichbaren Protest-bewegungen in Paris und in den Provinzen, in den Städten und auf dem Land, einordnet. Sehr schnell aber – in Folge der politischen Beschleunigung der folgenden Wochen und 20 Monate, aber auch, weil die Erstürmung der Bastille, die in den Augen vieler Franzosen das sichtbare Zeichen des Despo-tismus[4] war, dem Ereignis eine symbolische Dimension gegeben hatte, begann sich ein kollektiver Prozess der Umdeutung durchzusetzen: Das geschichtliche Ereignis 25 wurde rückblickend in ein „historisches" Ereignis verwan-delt, das eine Zäsur markiert zwischen einem negativ kon-notierten „Vorher", das sogenannte Ancien Régime[5], und einem positiv belegten „Nachher", die Revolution und die neue Zeit. Diese neue Deutung und der damit verbundene 30 Wunsch nach einer neuen Sinngebung des Ereignisses wur-den in den ersten Monaten des Jahres 1790 so stark, dass der Nationalversammlung keine andere Wahl blieb, als am Jahrestag der Erstürmung der Bastille eine große „Fête de la Fédération" („Bundesfest") zu veranstalten. In seiner Ge- 35 staltung war aber der 14. Juli 1790 nicht nur die Beschwö-rung des 14. Juli 1789, sondern auch seine Umkehrung: Weit entfernt von dem gewalttätigen Geschehen im Jahr zuvor sollte der 14. Juli 1790 das große Fest des Friedens, das Fest des Bündnisses zwischen allen Regionen und Stän- 40 den des Königreichs, das Fest der Neugründung des rege-nerierten Frankreich unter Gottes und der katholischen

---

[3] **Metamorphose**: Umgestaltung, Umwandlung
[4] **Despotismus**: Willkür- und Gewaltherrschaft
[5] **Ancien Régime** (frz.: alte Herrschaft): Bezeichnung für die Staats-und Gesellschaftsordnung im Frankreich vor der Revolution

Kirche Segen und vor allem das Fest einer neuen Eintracht zwischen dem König und der französischen Nation sein.
45 Spätestens dann wurde der 14. Juli zum Erinnerungstag, aber längst nicht zu einem institutionellen Gedenktag (trotz Ansätzen in diesem Sinne in den Jahren 1791, 1792 und 1793). Es dauerte fast ein Jahrhundert, bis die siegreiche III. Republik[1] im Jahre 1880 beschloss, in bewusster An-
50 knüpfung die „Fête de la Fédération" von 1790, aus dem Erinnerungstag den französischen Nationalfeiertag zu machen – wobei aus dem Fest, das einst die Freiheit zwischen König und Nation gefeiert hatte, ein neues Fest entstand, das die Einheit zwischen Nation und Republik zelebrierte.

Étienne François und Uwe Puschner, Warum Erinnerungstage?, in: Dies. (Hrsg.), Erinnerungstage. Wendepunkte der Geschichte von der Antike bis zur Gegenwart, München 2010, S. 13–24, hier S. 19–21

1. Präsentation: Arbeiten Sie anhand des Textes Übereinstimmungen und mögliche Unterschiede zwischen Erinnerungs- und Gedenktagen heraus. Tragen Sie Ihre Ergebnisse in einer Tabelle zusammen. | H

2. Präsentation: Recherchieren Sie im Internet, welche Begriffe für „Erinnerungs-" oder „Gedenktag" in anderen Sprachen üblich sind. Stellen Sie ein Beispiel in einem Kurzreferat vor, das den Begriff analysiert sowie Ähnlichkeiten und Abweichungen gegenüber dem deutschen Sprachgebrauch darlegt.

3. Gruppenarbeit: Diskutieren Sie, inwieweit historisches Fachwissen erforderlich ist, um einen Gedenktag angemessen zu begehen. Gehen Sie auch auf mögliche Gefahren ein, die sich aus der Unkenntnis und Entstellung geschichtlicher Fakten für das Erinnern ergeben können.

M3 Rendezvous mit der Vergangenheit

Am 11. November 1918 schließen Deutschland und seine Gegner im französischen Compiègne Waffenstillstand. Das Datum wird 1922 in Frankreich zum Feiertag erhoben, zum Gedenken an die Opfer des Ersten Weltkrieges. Am 10. November 2018 treffen sich Frankreichs Staatspräsident Emmanuel Macron (*1977) und Bundeskanzlerin Angela Merkel (*1954) in Compiègne, um gemeinsam an den Ersten Weltkrieg zu erinnern.

1. Interpretieren Sie die beiden Fotografien.

2. Vorbereitung: Recherchieren Sie im Internet zum 11. November 1918 und zur nachfolgenden Erinnerung an „Compiègne" in Deutschland und Frankreich.

3. Präsentation: Stellen Sie anhand Ihrer Nachforschungen aus Aufgabe 2 den Wandel in Form eines Schaubildes dar, den die Erinnerung an Compiègne bis heute durchlief. Beziehen Sie dabei auch die in M2 genannten Entwicklungsstufen für Erinnerungs- und Gedenktage mit ein. | H

4. Präsentation: Sie nehmen am Gedenkakt vom November 2018 teil. Schreiben Sie einen kurzen Blogbeitrag in der Online-Schulzeitung über das Erlebte. Recherchieren Sie dazu im Vorfeld über den Gedenkakt und über die Gedenkstätte in Compiègne.

---

[1] **Dritte Republik**: Bezeichnung für das politische System in Frankreich vom Sturz Kaiser Napoleons III. 1870 bis zum Jahr 1940

Der 4. Juli: Unabhängigkeitstag in den USA

Ein nationaler Feiertag entsteht | Der 4. Juli gilt als wichtigster US-amerikanischer Feiertag. Er wird als „*Independence Day*" oder einfach auch als „*Fourth of July*" bezeichnet. Seit 1941 ist der Unabhängigkeitstag ein bezahlter bundesweiter Feiertag. Seine Ursprünge gehen auf ein historisches Ereignis zurück: Am 4. Juli 1776 billigte der Zweite Kontinentalkongress die Unabhängigkeitserklärung der britischen Kolonien vom Mutterland. Sie wurde von namhaften Persönlichkeiten wie *John Adams* und *Thomas Jefferson* unterzeichnet, die später beide das Präsidentenamt der USA bekleideten. Der Rechtsanwalt Jefferson war maßgeblich an der Formulierung der Erklärung beteiligt, die als Gründungsurkunde der Vereinigten Staaten angesehen wird.

Bereits ein Jahr nach ihrer Unterzeichnung fanden Paraden und Salutschüsse in Philadelphia statt. Auch in Boston und Charleston wurde der 4. Juli feierlich begangen. Die Feiern wiederholten sich und verbreiteten sich innerhalb kurzer Zeit. Festumzüge und Ansprachen wurden abgehalten, speziell für diesen Tag feierliche Gedichte verfasst. Zudem wurde die Unabhängigkeitserklärung öffentlich verlesen (→M1).

Der 4. Juli im Spiegel der Zeit | Im Mittelpunkt dieser Feste stand das Bekenntnis zu den 1776 verkündeten "selbstverständlichen Wahrheiten": die Gleichheit aller, die unveräußerlichen Rechte eines jeden Menschen, die Freiheit sowie das Streben nach Glück. Die alljährliche Erinnerung an die Unabhängigkeitserklärung prägte das Selbstverständnis der Amerikaner, ihre nationale Identität und Weltanschauung.

An diesen Festtagen wurde nicht nur an die Unabhängigkeitserklärung erinnert, sondern auch die Erfüllung der 1776 verkündeten Werte gefordert. Mitte des 19. Jahrhunderts wurde die ungelöste Sklavenfrage angeprangert (→M2). Während des amerikanischen Bürgerkrieges (1861–1865) rechtfertigten sich die Anhänger der Union und die Gegner der Sklaverei mit dem Geist von 1776 ebenso wie die Gegenseite der Konföderierten. In der Mitte des 20. Jahrhunderts nutzte die Bürgerrechtsbewegung den Gedenktag, um gegen die anhaltende Diskriminierung der Schwarzen und den Vietnamkrieg (1955–1975) zu protestieren. Zugleich wurde an diesem Tag auch immer wieder der amerikanische Einsatz für Demokratie und Freiheit der Völker auf der ganzen Welt gerechtfertigt.

Und heute? | Heute begehen die US-Amerikaner ihren Feiertag mit Picknicks, Grillfesten, patriotischen Umzügen, Konzerten und Feuerwerkspektakeln. Städte und Gemeinden putzen sich in den Farben der amerikanischen Flagge heraus. Vielfach gibt es aufwändige Festzüge, für die sich die Teilnehmer als Gründerväter verkleiden. Mancherorts finden aber auch Volksbelustigungen wie Hotdog- oder Torten-Wettessen statt.

Eigentlich gilt der Feiertag als ein unpolitischer Familientag. Die US-Präsidenten halten sich am 4. Juli in der Regel zurück. So war es bisher. Doch 2019 löste der Auftritt von *Donald Trump* in Washington eine heftige Kontroverse aus. Kritiker mahnten an, dass er den zivilen Charakter des Feiertages zu einer militärischen Machtdemonstration nutze. So flogen Kampfflugzeuge und Armeehubschrauber über die National Mall in der Hauptstadt der Vereinigten Staaten (→M3).

Animierte Karten
Eine animierte Karte zum Thema „Die Geburt der Vereinigten Staaten von Amerika" – von den Anfängen bis zur Unabhängigkeit – können Sie unter dem Code **32205-01** abrufen.

Internettipp
Die US-Botschaft in Österreich hat einen Erklärfilm zum amerikanischen Unabhängigkeitstag auf YouTube gestellt. Unter dem Code **32205-02** können Sie sich diesen ansehen.

Warten auf das Feuerwerk.
Foto vom 4. Juli 2018, New York City. Zahlreiche Schaulustige haben sich auf dem Long Island City Pier versammelt und warten auf das abendliche Feuerwerk am Unabhängigkeitstag.

„Uncle Sam's Birthday."
US-amerikanisches Propagandaplakat von 1918.

▶ Analysieren Sie das Plakat. Berücksichtigen Sie neben der dargestellten Figur auch die Farbgebung und den Text.

▶ Ordnen Sie das Plakat in den historischen Kontext ein.

M1 Geschichte des Unabhängigkeitstages

Auf der Homepage der US-Botschaft in Österreich wird zum amerikanischen Unabhängigkeitstag erklärt:

Um die Mitte des XVIII. Jahrhunderts konnten es die 13 Kolonien, die einen Teil des Englischen Imperiums in der Neuen Welt darstellten, zunehmend schwerer akzeptieren, von einem König regiert zu werden, der 3 000 Meilen ent-
5 fernt jenseits des atlantischen Ozeans saß. Sie waren es leid, Steuern auferlegt zu bekommen. Doch die Unabhängigkeit wurde erst Schritt für Schritt mit schmerzhaftem Einsatz erlangt. Die Bewohner der Kolonien konnten nicht vergessen, dass sie britische Bürger und König George III.
10 zur Treue verpflichtet waren.
Eine „Tea Party" und ein „Massaker" waren die beiden Ereignisse, die das Schicksal vorantrieben. Neben der allgemeinen Unruhe einten sie die Menschen in den Kolonien. Im Jahre 1767 verlor eine Teehandelsgesellschaft in eng-
15 lischem Besitz viel Geld. Um das Unternehmen zu retten, hob England 1773 eine Steuer auf Tee ein, der in den Kolonien verkauft wurde. Teilweise zum Scherz verkleideten sich Samuel Adams und andere Leute aus Boston als Indi-

aner und versenkten eine Ladung Tee der India Company in der Bucht von Massachusetts. König George III. fand das 20 weniger komisch und es brachte ihn auch keineswegs dazu, die Teesteuer aufzuheben. Im Hafen von Boston wurden britische Soldaten von Koloniebewohnern, die dachten, die Soldaten waren geschickt worden, um sie zu beobachten, verhöhnt und mit Steinen beworfen. Die Soldaten schossen 25 in die Menge und töteten einige Bürger. Die Koloniebewohner übertrieben bei der Anzahl der Getöteten und nannten den Zwischenfall ein „Massaker".
Virginia machte den ersten Schritt in Richtung Unabhängigkeit, indem es ein Komitee wählte, das die Kolonien 30 vertreten sollte. Dieser First Continental Congress trat im September 1774 zusammen. Eine Auflistung von Beschwerden über die Krone wurde erstellt – das erste Dokument, das die Kolonien formell von England trennte. George Washington übernahm das Kommando über die Continental 35 Army und begann, die Briten in Massachusetts zu bekämpfen. Die folgenden acht Jahre hindurch kämpften die Kolonien mit aller Kraft im Unabhängigkeitskrieg.
In der Zwischenzeit war in Philadelphia, Pennsylvania, ein Krieg der Worte entflammt. Am 2. Juli des Jahres 1776 40 tagte der Second Continental Congress und arbeitete an einer zweiten Fassung des Beschwerdeschreibens, und John Hancock, der Präsident des Second Continental Congress, unterschrieb als erster. Das Dokument, Unabhängigkeitserklärung genannt, wurde als Hochverrat gegen die 45 Krone betrachtet und die 56 Männer, die sie unterzeichneten, liefen Gefahr, exekutiert zu werden.
Der Unabhängigkeitstag wird am 4. Juli gefeiert, da dies der Tag ist, an dem der Continental Congress die endgültige Fassung der Unabhängigkeitserklärung annahm.[1] Vom 50 8. Juli 1776 bis zum darauf folgenden Monat wurde das Dokument in der Öffentlichkeit verlesen und die Menschen feierten, wo immer sie es hörten. Im Jahr darauf läuteten in Philadelphia die Glocken, von Schiffen wurden Kanonen abgefeuert und Kerzen und Feuerwerkskörper entzündet. 55 Doch der Unabhängigkeitskrieg zog sich noch bis 1783 hin. In jenem Jahr wurde der Unabhängigkeitstag zum offiziellen Feiertag erklärt. Im Jahre 1941 erklärte der Kongress den 4. Juli zum bundesweiten Feiertag.

Nach: https://at.usembassy.gov/de/feiertage/unabhangigkeitstag/
(Zugriff: 18. November 2019)

1. Beschreiben Sie ausgehend vom Text, warum der 4. Juli in den USA gefeiert wird. | **F**

2. Erörtern Sie mögliche Gründe, weshalb gerade der 4. Juli und nicht zum Beispiel der Tag der Verabschiedung der amerikanischen Verfassung (17. September 1787) zum nationalen Feiertag wurde.

_____

[1] Mit Ausnahme der Virgin Islands, wo schon eine Woche davor bis zum 4. Juli gefeiert wird.

M2 „Der 4. Juli gehört Ihnen, nicht mir"

Frederick Douglas wird als schwarzer Sklave auf einer Plantage im Süden geboren. Mit etwa 20 Jahren (sein Geburtsdatum ist nicht bekannt) gelingt ihm die Flucht nach Norden, wo er sich als Aktivist der Anti-Sklaverei-Bewegung anschließt. 1852 wird er gebeten, eine Rede zum Jahrestag des 4. Juli zu halten. Anfangs äußert er sich sehr respektvoll und ehrerbietig über die Männer, die die USA zur Unabhängigkeit geführt hatten. Dann aber fährt er fort:

Mitbürger, entschuldigen Sie, erlauben Sie mir zu fragen, warum ich aufgefordert worden bin, hier und heute zu sprechen? Was habe ich, oder diejenigen, die ich repräsentiere, mit Ihrer nationalen Unabhängigkeit zu tun? Werden
5 die großen Prinzipien von politischer Freiheit und des Naturrechtes, die in der Unabhängigkeitserklärung eingebettet sind, auf uns ausgeweitet? Und bin ich deshalb aufgerufen, unser bescheidenes Opfer dem nationalen Altar anzubieten, und die Wohltaten zu bekennen und fromme
10 Dankbarkeit auszudrücken für die Segnungen, die aus Ihrer Unabhängigkeit für uns entstehen? […]
Ich sage das mit einem traurigen Sinn für die Ungleichheit zwischen uns. Ich bin nicht eingeschlossen in die Bleichen [sic: the pale] dieses ruhmreichen Geburtstages. Ihre hohe
15 Unabhängigkeit hebt nur die unermessliche Distanz zwischen uns hervor. Der Segen, dessen Sie sich an diesem Tage erfreuen, wird nicht von allen geteilt. Das reiche Erbe von Gesetz, Freiheit, Wohlstand und Unabhängigkeit, das von Ihren Vätern hinterlassen worden ist, wird von Ihnen
20 geteilt, nicht von mir. Das Sonnenlicht, das Leben und Heilung für Sie brachte, hat Schläge und Tod für mich gebracht. Der 4. Juli gehört *Ihnen*, nicht mir. *Sie* dürfen sich freuen, *ich* muss trauern. […]
Mitbürger, oberhalb von Ihrer nationalen, lautstarken
25 Freude höre ich trauernde Klagelaute von Millionen! […] Mein Thema, Mitbürger, ist die AMERIKANISCHE SKLAVEREI. Ich sehe diese und ihre bekannten Auswirkungen heute aus der Perspektive des Sklaven. Hier stehend, identifiziert mit dem amerikanischen Unfreien, mache ich sein
30 Schicksal zu meinem. Ich zögere nicht, mit all meiner Seele zu erklären, dass der Charakter und das Verhalten dieser Nation für mich niemals düsterer ausgesehen haben als an diesem 4. Juli. […] Amerika hat in der Vergangenheit geirrt, irrt in der Gegenwart und hält sich schlaf-
35 wandlerisch an diese Irrtümer in der Zukunft. Hier bei dieser Gelegenheit stehend mit Gott und dem zerschmetterten und blutenden Sklaven, im Namen der Menschheit, die empört ist, im Namen der Freiheit, die gefesselt ist, im Namen der Verfassung und der Bibel, die missachtet wer-
40 den und auf denen herumgetrampelt wird, mit aller Betonung über die ich verfüge, werde ich alles anprangern, was dazu dient, die Sklaverei beizubehalten – die große Sünde und Schande Amerikas!

Frederick Douglas, What to the Slave is the Fourth of July?; An Address Delivered in Rochester, New York, On 5 July 1852, in: The Frederick Douglass Papers, Series One: Speeches, Debates and Interviews, Vol. 2, 1847-54, herausgegeben von John W. Blassingame, New Haven 1982, S. 359-388 (übersetzt von Boris Barth)

1. Gliedern Sie den Text in sinnvolle Abschnitte und versehen Sie diese mit passenden Oberbegriffen.
2. Ordnen Sie den Text in den historischen Kontext ein. Sie können dazu auch das Internet zu Recherchen heranziehen. | H | F
3. Präsentation: Setzen Sie sich mit der Position von Frederick Douglas aus der Perspektive eines radikalen weißen Gegners der Sklaverei auseinander. Entwerfen Sie eine Antwort auf seine Vorwürfe.

M3 „Der 4. Juli gehört uns allen"

Der Korrespondent Sebastian Hesse veröffentlicht einen Artikel auf der Homepage der Tagesschau im Juli 2019 über den amerikanischen Unabhängigkeitstag:

Die rostige und verbeulte Trompete, die Chris vor dem Washington Monument, dem berühmten Obelisken auf der Museumsmeile, spielt, könnte aus den Tagen des Unabhängigkeitskrieges stammen. Er und seine zwei Kumpels haben sich als Gründerväter der Vereinigten Staaten verkleidet. 5
So weit, so normal: Jedes Jahr am 4. Juli werden Freiheit und Unabhängigkeit der USA im Herzen der Hauptstadt ausgelassen gefeiert. […]
Und doch war es dieses Jahr anders, tagespolitischer. Diese Washingtonerin ist nur gekommen, um gegen den Auftritt 10 von US-Präsident Donald Trump am Lincoln Memorial zu protestieren: „Der 4. Juli gehörten uns allen", schimpft sie.

Proteste in der Nähe des Washington Monument.
Foto vom 4. Juli 2019, Washington, D.C.
Demonstranten blasen auf der National Hall einen riesigen Baby-Trump mit Windeln auf, um damit gegen den US-Präsidenten zu protestieren. Baby-Trump durfte allerdings nicht in den Himmel steigen, da die Behörden dazu keine Genehmigung erteilt hatten.

Feierlichkeiten zum Unabhängigkeitstag.
Foto vom 4. Juli 2019, Washington, D.C.
Die Rednerbühne des US-Präsidenten ist vor dem berühmten Lincoln Memorial in der amerikanischen Hauptstadt aufgebaut. Mehrere Kampfflugzeuge überfliegen das Gebäude.

„Er gehört sicher nicht nur Republikanern, die für Trumps Wahlkampf gespendet haben." Dass die besten Sitze bei der
15 Trump-Rede an großzügige Parteispender gegangen waren, hatte schon im Vorfeld für Empörung gesorgt.
Schon, dass Trump überhaupt auf der Mall auftrat, empört seine Kritiker. Üblicherweise halten sich US-Präsidenten an diesem Familienfeiertag zurück. „Normalerweise ist es ein
20 Feiertag für Unabhängigkeit, aber jetzt hat Trump erreicht, dass es nur um ihn geht", sagt ein Mann. […]
Die überwiegende Anzahl der Besucher bestand dementsprechend aus erklärten Trump-Anhängern. Geduldig hatten sie zum Teil stundenlang im Dauerregen ausgeharrt,
25 um endlich ihr Idol an historischem Ort erleben zu dürfen. „Er mischt die Dinge auf", sagt eine Frau, die mit ihrem Stars-and-Stripes-Cowboyhut in einem Campingstuhl sitzt. Sie ist aus Rhode Island in Neuengland angereist und erklärt, wie bewundernswert Trump alles abarbeite, was er
30 versprochen hat.
Die meisten der Trump-Fans auf der Mall sind Weiße, kaum Latinos, sehr wenige Afro-Amerikaner. Oft sind es Familien, die wegen der Präsidentenrede gekommen sind, darunter überraschend viele junge Trump-Fans. „Ich denke, er hat
35 viel für Amerika getan", schwärmt ein junger Mann, der extra aus Georgia in den Südstaaten angereist ist. „Vor al-

lem hat er Jobs geschaffen und die Wirtschaft wieder flott gemacht."
Dass – wie überall, wo Trump auftritt – auch protestiert
40 wurde, stört ihn nicht, obwohl es für das sonst so unpolitische Familienfest ungewöhnlich ist: „Ich führe die ewig gleichen Diskussion[en] mit Trump-Kritikern, die ihn loswerden wollen", sagt er gelassen. „Ich respektiere andere Meinungen, solange auch meine respektiert
45 wird." […]

Nach: www.tagesschau.de/ausland/trump-unabhaengigkeitstag-113.html
(Zugriff: 20. November 2019)

1. Fassen Sie den Text in wenigen Worten zusammen.

2. Arbeiten Sie heraus, worin das Problem der Feierlichkeiten in Washington am 4. Juli 2019 besteht. | H

3. Partnerarbeit / Präsentation: Versetzen Sie sich gemeinsam mit einer Mitschülerin oder einem Mitschüler in die Rolle eines US-Amerikaners, der die Feierlichkeiten zum Unabhängigkeitstag in Washington im Jahre 2019 besucht. Sie kommen ins Gespräch und diskutieren, ob Sie den Ablauf der Feierlichkeiten befürworten oder nicht. Begründen Sie jeweils Ihre Meinung. | H

Der 3. Mai: Erinnerung an die polnische Verfassung von 1791

Stanisław II. August Poniatowski (1732–1798): letzter König von Polen und Großfürst von Litauen, 1764 gewählt, dankte 1795 ab

Stanisław Małachowski (1736–1809): polnischer Politiker und Reformer, führte den Vorsitz des Vierjährigen Sejms, einer der „Väter" der Verfassung von 1791

Die Maiverfassung – Voraussetzungen und Entstehung | Für die Geschichte Polens ist der 3. Mai 1791 ein denkwürdiges Datum. An diesem Tag wurde die erste Verfassung des Landes verabschiedet. Die polnisch-litauische *Maiverfassung* war der Versuch, ein politisch und wirtschaftlich zerrüttetes Land nachhaltig zu erneuern.

Seit Beginn des 18. Jahrhunderts befand sich die einst mächtige Länderunion des Königreichs Polen mit dem Großfürstentum Litauen im Niedergang. Von Kriegen geschwächt und innenpolitisch gespalten, wurde Polen-Litauen zum Spielball seiner Nachbarmächte, vor allem für Russland und Preußen. Das Land galt als *Adelsrepublik* – der Adel wählte den König auf Lebenszeit und kontrollierte die Regierung mittels einer Ständeversammlung (*Sejm*). Im 18. Jahrhundert wurden immer mehr Entscheidungen blockiert, zumal durch das „*liberum veto*", das Recht jedes einzelnen Ständevertreters, Gesetze zu verhindern.

Erste Ansätze unter König Stanisław II. August, die Staatsmacht zu stärken, führten zur Intervention Russlands, das seinen Einfluss gefährdet sah. Auf russischen Druck wurden die Reformen widerrufen. Polen-Litauen musste den Verlust großer Territorien an das Zarenreich, Preußen und Österreich hinnehmen. Als Reaktion auf die *erste polnische Teilung* von 1772 kam es zu einem neuen Reformanlauf. Die Ständeversammlung in Warschau, die von 1788 bis 1792 tagte (*Großer* bzw. *Vierjähriger Sejm*), umging das „liberum veto" durch besondere Vereinbarungen und verabschiedete am 3. Mai 1791 mit großer Mehrheit ein neues Grundgesetz. Zu den Architekten dieser Verfassung gehörten neben dem König Vertreter einer adeligen Reformpartei um Stanisław Małachowski, die den Ideen der französischen Aufklärung anhingen. Die Maiverfassung war gedacht, das Land wieder regierbar zu machen, es vor Eingriffen auswärtiger Mächte zu schützen und weitere Reformen in Gesellschaft, Wirtschaft und Bildung zu ermöglichen.

Polen-Litauen bis 1791	Polen-Litauen nach 1791
Ständestaat	konstitutionelle Monarchie
Wahlmonarchie	Erbmonarchie
kaum geregelte Gewaltenteilung	klar geregelte Gewaltenteilung
schwache Exekutive (König von den Ständen abhängig, Widerstandsrecht des Adels gegen die Regierung)	starke Exekutive (mehr Befugnisse für den König, kein adeliges Widerstandsrecht)
im Sejm traditioneller Vorrang des Senats vor der Abgeordnetenkammer	im Sejm klare Kompetenzregelung zwischen Senat und Abgeordnetenkammer, nur letztere mit Recht zur Gesetzesinitiative
im Sejm gilt das „liberum veto" (Einstimmigkeitsprinzip)	im Sejm gilt das Mehrheitsprinzip, „liberum veto" auf wenige Ausnahmen beschränkt
Wahlrecht zum Sejm nur für Adelige	Wahlrecht zum Sejm für (begüterte) Adelige und Besitzbürgertum
Adel von der Steuer befreit	Besteuerung des Adels
Recht auf Landerwerb nur für Adelige	Recht auf Landerwerb für Adelige und Bürger

unfreie Bauern obliegen der Rechtsgewalt ihrer Grundherren (Leibeigenschaft)	weiterhin bäuerliche Leibeigenschaft, eingeschränkt durch staatliche Schutzrechte für die Bauern
Toleranz gegenüber Andersgläubigen, garantiert durch Verträge mit ausländischen Mächten	Recht der freien Religionsausübung, zugleich Festschreibung des katholischen Glaubens als „herrschende Religion", garantiert durch die Verfassung

Zusammengestellt nach: Stanisław Grodziski, Die Verfassung vom 3. Mai 1791 – das erste polnische Grundgesetz, in: Aus Politik und Zeitgeschichte, Jg. 37 (1987), Nr. 30/31, S. 40–46; Jürgen Heyde, Geschichte Polens, München ⁴2017, S. 51

Das neue System scheitert | Die Verabschiedung der Verfassung wurde 1791 mit großem Aufwand inszeniert, ebenso fanden am ersten Jahrestag 1792 Feiern im ganzen Land statt (→M1). Polnische Adelige, die um ihre Stellung fürchteten, machten gegen die Verfassung von ihrem überlieferten Widerstandsrecht Gebrauch. Sie schlossen im April 1792 die *Konföderation von Targowica*, ein Bündnis, das von Russland militärisch unterstützt wurde. Nach dem Sieg der Adelsopposition über die Regierung musste ein neuer Sejm 1793 die Verfassung aufheben, zugleich fanden weitere Gebietsabtretungen statt (*zweite polnische Teilung*). 1794 kam es zu einem Aufstand von Reformanhängern und Bauern unter dem adeligen General *Tadeusz Kościuszko* gegen die Teilungsmächte, den Russland und Preußen gemeinsam niederschlugen. Die Siegermächte und Österreich teilten 1795 auch das restliche Land unter sich auf (*dritte polnische Teilung*). Somit endete die Reformära in Polen-Litauen in einer Katastrophe, der völligen Auflösung des Staates.

Objekt des Nationalstolzes | Von der Maiverfassung blieb im 19. Jahrhundert nur das Gedächtnis an eine kurze, letzte Blütezeit des untergegangenen Polen-Litauen. Die Erinnerung erhielt dabei einen betont nationalen Zuschnitt. Polnische Dichter und Publizisten erklärten die Maiverfassung für eine rein polnische Errungenschaft, die übrigen Volksgruppen, deren Heimat die alte Adelsrepublik gewesen war, wurden ausgeklammert. Auch einige polnische Historiker verklärten das Reformwerk von 1791. Es galt ihnen als Nachweis für die Fähigkeit der Polen zu Selbstbestimmung und Eigenstaatlichkeit. Dagegen fand der Umstand, dass die Maiverfassung kaum soziale Fortschritte vorgesehen hatte, nur wenig Beachtung.

In den Aufständen der Polen wider die russische Oberhoheit in den Jahren 1830/31 und 1863 diente die Maiverfassung jeweils als Symbol der Befreiung gegen die Fremdherrschaft. Selbst nach dem Scheitern dieser Rebellionen galt die Verfassung von einst noch als Verheißung auf eine Zukunft in Freiheit und nationaler Einheit.

Die polnische Bevölkerung in Russland, Preußen und Österreich(-Ungarn) pflegte den 3. Mai als inoffiziellen Gedenktag. Im Russischen Reich wie in Preußen begingen die Polen den Tag eher privat oder im Schutz der Kirche, um nicht das Einschreiten der Obrigkeit zu riskieren. Dagegen gab es in den polnischen Gebieten des Kaisertums Österreich, dem Kronland Galizien mit den Hauptorten Lemberg und Krakau, deutlich größere Freiräume, zumal seit der 1867 gewährten Autonomie. Hier entfaltete sich im späten 19. Jahrhundert eine rege Gedenk- und Feiertagspraxis um den 3. Mai (→M2).

Der 3. Mai wird Nationalfeiertag | Am Ende des Ersten Weltkrieges entstand eine selbstständige polnische Republik. Da die Erinnerung an die Maiverfassung die Zeit der Teilung überdauert hatte, konnte der neue Staat die Traditionen von 1791 ohne Mühe aufgreifen. Im April 1919 erklärte das Parlament den *„Feiertag der Verfassung vom 3. Mai"* (poln. „Święto Konstytucji Trzeciego Maja") zum gesetzlichen Feiertag. Die Sozialdemokraten im Parlament hatten den 1. Mai (Tag der Arbeiterbewegung) bevorzugt, wurden jedoch überstimmt. Die neue polnische Staatsverfassung nahm Bezug auf „die glänzende Überlieferung der unvergesslichen Konstitution vom 3. Mai" (Präambel der Verfassung vom 17. März 1921). Als *Zweite Republik* behauptete das neue Polen eine Kontinuität zum ehemaligen Polen-Litauen, obgleich jener Staat eigentlich

---

Reformbestimmungen der Verfassung von 1791.

▶ Vergleichen Sie die Veränderungen, die die Maiverfassung für Polen-Litauen vorsah, mit den Umwälzungen in Frankreich durch die Verfassung vom September 1791. Recherchieren Sie zur Verfassung der konstitutionellen Monarchie in Frankreich im Internet.

▶ Präsentation: Versetzen Sie sich in die Lage eines Adeligen in Polen-Litauen. Verfassen Sie ein Protestschreiben gegen die Beschlüsse der Maiverfassung. Verweisen Sie dabei auch auf die damalige Revolution in Frankreich.

eine konstitutionelle Monarchie gewesen war. Seit 1923 war der 3. Mai in Polen zugleich hoher kirchlicher Feiertag. Auf Bitten der polnischen Bischöfe erklärte Papst *Pius XI.* den Tag zum *Feiertag der Gottesmutter Maria als Königin von Polen*. Auch in den jüdischen Synagogen wurde der 3. Mai als Nationalfeiertag begangen.

Verfolgung, Widerstand und Erneuerung ▐ Der polnische Staat fiel im Zweiten Weltkrieg einer erneuten Teilung zum Opfer. Unter deutscher und sowjetischer Besatzung war die Feier nationaler Gedenktage strikt untersagt. Das Gedenken an den 3. Mai wanderte in den Untergrund.

Nach der Errichtung einer kommunistischen *Volksrepublik* in Polen 1944 kehrten die Feiern zum 3. Mai zunächst ins öffentliche Leben zurück. Weil der 3. Mai jedoch immer öfter Anlass zu Demonstrationen gegen die neue Ordnung gab, wurde er 1947 von der Staatsmacht als Feiertag faktisch abgeschafft. Im Gegenzug verordnete die kommunistische Führung andere staatliche Feiertage, vor allem den 1. Mai als „Internationalen Tag der Arbeit". Die Erinnerung an die Maiverfassung und den einstigen Nationalfeiertag wurde nun zum Sammelpunkt für die Opposition in Polen. Immer wieder kam es am 3. Mai zu Protesten von Regimegegnern. Die 1980 gegründete unabhängige Gewerkschaftsbewegung „Solidarność" (dt. „Solidarität") berief sich auf den 3. Mai als Symbol der Unabhängigkeit Polens gegen die von der Sowjetunion kontrollierte Regierung (→M3).

1989 wurde das kommunistische Regime friedlich abgelöst. Die neue Regierung unter Ministerpräsident *Tadeusz Mazowiecki* führte umgehend den 3. Mai als Nationalfeiertag wieder ein, ebenso den 11. November (Unabhängigkeitstag), der vormals in der Zweiten Republik gegolten hatte. In der *Dritten Republik* seit 1989 zählt der Verfassungstag weiterhin zu den wichtigsten staatlichen Feiertagen (→M4). Er wird jedes Jahr mit Paraden, Volksfesten, historischen Umzügen und Gedenkgottesdiensten begangen. Viele Straßen in Polen sind nach dem 3. Mai benannt. Das Datum kann an die Beharrlichkeit erinnern, mit der die Polen trotz Teilung, Fremdherrschaft und Diktatur an der Idee ihrer Selbstständigkeit festhielten. Seit 2008 ist der 3. Mai auch in Litauen staatlicher Gedenktag. Er wird dort als „Tag der ersten schriftlichen Verfassung in Europa" begangen.

Internettipp
Die polnische Botschaft in Berlin informiert auf ihrer Website über den Jahrestag zur Verabschiedung der Verfassung von 1791. Siehe hierzu den Code **32205-03**.

„Tempel der Göttlichen Vorsehung" (poln. „Świątynia Opatrzności Bożej").
Foto von 2017.
Die Kirche und Gedenkstätte im Süden von Warschau, wegen ihrer Kuppel im Volksmund auch „Zitronenpresse" genannt, wurde von 2002 bis 2016 errichtet. Schon 1791 sollte eine Kirche gleichen Namens entstehen, um die Maiverfassung mit einem Monument zu würdigen. An das ursprüngliche Bauvorhaben, das nie realisiert wurde, erinnert eine Ruine im Botanischen Garten von Warschau.

▶ Informieren Sie sich im Internet, wie die Kirche als Gedenkstätte gestaltet ist und welche Gedenkfeiern und Ausstellungen hier bislang stattfanden.

▶ Präsentation: Stellen Sie den Werdegang des „3. Mai" zum heutigen Nationalfeiertag Polens in einem Schaubild dar. Nutzen Sie dazu die Informationen in den Verfassertexten.

„Die Verfassung vom 3. Mai 1791".
Ölgemälde (123,5 x 179 cm) aus dem Jahr 1806
von Kazimierz Wojniakowski (1771 oder 1772–
1812), nach einer Zeichnung von Jean-Pierre
Norblin de la Gourdaine (1745–1830) von 1791.
Dargestellt ist die Vereidigung des Königs auf
die Verfassung in der polnisch-litauischen Ständeversammlung, die im Warschauer Schloss
tagte. Der Schwur auf die Verfassung wurde am
selben Tag in der St.-Johannes-Kathedrale in
Warschau wiederholt. Siehe hierzu auch das Historiengemälde von Jan Matejko auf Seite 79.

▶ Interpretieren Sie das Gemälde unter dem
Gesichtspunkt, welche staatliche Ordnung
hier abgebildet wird. | F

▶ Ordnen Sie das Gemälde in die Zeit um 1806
ein. Recherchieren Sie dazu im Internet über
die damalige politische Situation in Mittel-
und Osteuropa.

M1 „Maimorgenrot"

*Der polnische Historiker Wiesław Śladkowski (*1935) be-*
schreibt die Anfänge der Maiverfassung von 1791:

Man könnte behaupten, dass sie schon im Moment ihrer
Verkündung zum Symbol der nationalen Identität geworden ist. Viele Faktoren trugen dazu bei: besonders die au-
ßergewöhnlichen Umstände, unter denen sie verabschiedet
5 wurde. Nämlich auf dem Weg eines Staatsstreiches, der
gegen die konservative Opposition durch den aus der fort-
schrittlichen und patriotischen Partei emporgekommenen
„Radziwillklub" im Einverständnis mit dem König Stanislaw
August Poniatowski vorbereitet wurde, und der mit der
10 aktiven Beteiligung der Bevölkerung der Hauptstadt durch-
geführt wurde. Alle daran Beteiligten nahmen dann an der
feierlichen und spektakulären Vereidigung auf die Verfassung in der Heiligen-Johann-Stiftskirche teil, indem sie
hinter dem Krakauer Bischof Feliks Pawel Turski die Worte
15 des Schwures wiederholten und ihre Stimmen im feierlichen *Te Deum Laudamus*[1] vereinten. Die Verabschiedung
der Verfassung hatte also keinen gewöhnlichen Charakter,
vielmehr entwickelte sie sich zu einem wichtigen Ereignis,
das die Gestalt eines tiefen, gemeinsamen Erlebnisses, ja
20 einer nationalen Manifestation mit patriotisch-religiöser
Bedeutung angenommen hat. Diese erhabene Stimmung
verbreitete sich in der Hauptstadt und im ganzen Lande
auch in den nächsten Tagen und Wochen. [...] Die Schul-
jugend zeigte während der letzten Julitage des Jahres 1791
25 überall Freude und Dankbarkeit anlässlich der Verabschiedung der Verfassung. Auf speziellen Befehl organisierten
die Schulbehörden aus diesem Anlass einen feierlichen
Schuljahrabschluss. [...]
Kurz nach der Verabschiedung der Verfassung entstand in
30 Zusammenarbeit mit dem Radziwillklub „die Versammlung

der Freunde der Regierungsverfassung", eine Organisation,
die sich zum Ziel machte, die offizielle, durch verschiedene
kirchliche, staatliche und städtische Institutionen geführte
Verfassungspropaganda zu unterstützen. [...] Die Tätigkeit
dieser ersten in Polen, modernen politischen Partei brachte 35
messbare Ergebnisse, insbesondere in den adligen und
bürgerlichen Kreisen. Der Text der Verfassung war in den
damaligen aufgeklärten Kreisen gut bekannt, er wurde
durch die Warschauer Presse und später auch in Kalendern
gedruckt. Bis zum Ausbruch des Krieges im Jahre 1792 40
erschien die Verfassung in vierzehn Sonderausgaben, mit
einer Gesamtauflage von 30 000 Exemplaren. Dies bedeutete für die damalige Zeit eine beträchtliche Zahl.
Seine Widerspiegelung fand das „Maimorgenrot" fast so- 45
fort in Gelegenheitsgedichten und -liedern, es machte sich
auch in der bildenden Kunst bemerkbar [...]. Man kann also
sagen, dass in der äußerst kurzen, nicht mehr als ein Jahr
dauernden Periode sehr viel für die Popularisierung der
Verfassung vom dritten Mai in der polnischen Gesellschaft 50
gemacht wurde.

Wiesław Śladkowski, Die Verfassung vom dritten Mai im nationalen Erbe und in
der Tradition, in: Helmut Reinalter und Peter Leisching (Hrsg.), Die polnische
Verfassung vom 3. Mai 1791 vor dem Hintergrund der europäischen Aufklärung,
Frankfurt am Main/Berlin/Bern u. a. 1997, S. 35 – 46, hier S. 36 f.

1. Fassen Sie die Maßnahmen zur Popularisierung der Maiverfassung in einer Übersicht zusammen. Ordnen Sie
dabei nach den Akteuren der damaligen „Verfassungspropaganda" (Zeile 34), ihren Medien und Zielgruppen.

2. Der Verfasser bezeichnet die Stimmung von 1791/92 als
„Maimorgenrot" (Zeile 45). Erläutern Sie den Begriff.

3. Setzen Sie sich mit der Frage auseinander, ob die Maiverfassung zu Anfang gerade deshalb so stark propagiert
wurde, weil ihr Zustandekommen rechtlich umstritten war.

---

[1] **Te Deum Laudamus** (dt.: „Dich, Gott, loben wir"): kirchliche Hymne

M2 Erinnern mit Auflagen

Der polnische Historiker Czesław Brzoza (*1947) untersucht die Entwicklung der Feiern zur ehemaligen Maiverfassung gegen Ende des 19. Jahrhunderts:

Zu einem Wendepunkt in der Festigung der 3. Mai-Tradition wurde das Jahr 1891, der 100. Jahrestag der Verfassung. Die Feierlichkeiten fanden auf dem gesamten polnischen Territorium statt, je nach dem Grad der von den
5 Teilungsmächten eingeräumten Freiheiten gestalteten sie sich mehr oder weniger aufwendig. Den dramatischsten Verlauf nahm das Fest in Warschau, wo mehrere junge Menschen, die sich im Botanischen Garten um die Ruinen der Kirche der Vorsehung[1] versammelt hatten, von der
10 Gendarmerie verhaftet wurden. In Galizien wieder, wo die Freiräume am größten waren, wurden die großartigsten Feiern abgehalten. Zum ersten Mal veranstalteten damals auch im Ausland lebende Polen eigene Gedenkfeiern, Kundgebungen, Gottesdienste und Umzüge: so in England,
15 Frankreich, Deutschland, in der österreichisch-ungarischen Monarchie und vor allem in der Schweiz, die damals ein wichtiges Zentrum des polnischen politischen Lebens war. Der 100. Jahrestag der Verfassung wurde auch in den Vereinigten Staaten, vor allem in Chicago und New York,
20 begangen, was einen Auftakt zur Pflege der nationalen Traditionen durch Amerikaner polnischer Abstammung bedeutete.
Während der folgenden Jahre wurden die Feierlichkeiten nicht mehr in dieser oft spontanen Art und Weise des Jah-
25 res 1891 begangen. Sie wurden immer stärker formalisiert. Nun waren es speziell gegründete Bürgerkomitees, die die Gelder sammelten, die Gottesdienste organisierten, die Einladungen verschickten, etc. Diese Aktivitäten hatten keine behördlichen Gegenmaßnahmen mehr zur Folge. [...]
30 Am Anfang des 20. Jahrhunderts hatten sich einige konstante Elemente im Ablauf der Feierlichkeiten herausgebildet. Im Jahr 1900 übernahm in Krakau ein Teil der Bürgerschaft, vor allem Handwerker, Kaufleute und Angehörige der Intelligenz, die Schirmherrschaft und man beschloss,
35 dass Handwerker und Kaufleute ihren Hilfskräften einige freie Stunden für die Feierlichkeiten geben sollten. In diesem Jahr begann auch die Tradition der Straßenumzüge. [...] Für die Schüler war die Teilnahme an den Feierlichkeiten schwierig, weil die Schulbehörden dies lange Zeit nicht
40 gestatteten. Anfänglich umging man dieses Verbot durch die Abhaltung von speziellen Frühmessen für die Jugendlichen, bis 1902 die Schulbehörden von ihrem Standpunkt abgingen.

Czesław Brzoza, Aus der Geschichte des 3. Mai-Gedenktages in Polen, in: Emil Brix und Hannes Stekl (Hrsg.), Der Kampf um das Gedächtnis. Öffentliche Gedenktage in Mitteleuropa, Wien/Köln/Weimar 1997, S. 217 – 230, hier S. 221 f.

1. Arbeiten Sie die Entwicklung der 3.-Mai-Feiern von spontanen Gedenkakten zu organisierten Veranstaltungen heraus.

2. Begründen Sie, weshalb die Feiern zum 3. Mai seit Ende des 19. Jahrhundert eine neue Qualität erlangten. Verweisen Sie dabei auch auf die Feiern der Arbeiterbewegung zum 1. Mai und auf andere nationale Feiertage in Europa. Hierzu können Sie die Darstellung auf Seite 22 f. heranziehen.

M3 Oppositionelles Erinnern

Der deutsche Osteuropa-Historiker Jan Kusber (*1966) schildert, wie die oppositionelle Gewerkschaftsbewegung „Solidarność" die Erinnerung an die Maiverfassung für ihre Zwecke einzusetzen versuchte:

Die Solidarność, auf der Suche nach einem kohärenten Selbstverständnis zwischen Gewerkschaft und Nationalbewegung und mit dem Anspruch, das ganze Land zu vertreten, benutzte die Maiverfassung wie auch andere Bezugspunkte aus dem Pantheon[2] der polnischen Geschichte 5
als historisches Argument [...]. Man fand zahlreiche Analogien in der Arbeit des Großen Sejm an der Maiverfassung einerseits und der eigenen Arbeit andererseits; man verglich General Jaruzelski[3] und die Seinen mit der Konföderation von Targowica[4], der im historischen Gedächtnis das 10
Kainsmal des Verräters anhaftet; man sah keinen Unterschied zwischen den zarischen Interventionstruppen und der Roten Armee. Selbst die Einigung am Runden Tisch 1989, die die friedliche Ablösung des Kommunismus in Polen nach sich zog, ließ sich auf den Kompromisscharak- 15
ter der Maiverfassung beziehen, hatten doch schon die Reformer um König Stanisław August von einer „sanften Revolution" gesprochen.
Um der Regierung in dieser Konfrontationssituation die Deutung des offiziellen Geschichtsbildes zu entwinden, 20
stand der Solidarność der sogenannte „zweite Umlauf", eine publizistische Untergrundtätigkeit von beträchtlichem Ausmaß, zur Verfügung. Artikel und Flugblätter nahmen Bezug auf die Maiverfassung. Sogar eigene Untergrundbriefmarken zum Gedenken an die Konstitution wurden hergestellt, 25

[1] Siehe dazu die Bildunterschrift auf Seite 32.

[2] **Pantheon**, hier: Bezeichnung für die Gesamtheit berühmter Personen oder Ereignisse der Geschichte eines Landes
[3] **Wojciech Jaruzelski** (1923 – 2014): Militär und Politiker, Ministerpräsident Polens 1981–1985, 1985–1989 polnischer Staatschef, 1989/90 Staatspräsident
[4] **Konföderation von Targowica**: siehe den Verfassertext auf Seite 31

in die Post gegeben und zum Teil auch befördert. Patriotische Lieder aus dem 19. Jahrhundert mit textlichem Bezug zur Konstitution wurden nach Reprintausgaben gesungen. Der Verfassungstext selbst wurde nachgedruckt.
30 Angesichts einer permanenten Bemühung des Mythos fragten nur wenige Intellektuelle in der Opposition, ob die Entstehungsumstände, Inhalte und Ziele der Maiverfassung als Argument in der gegenwärtigen Auseinandersetzung taugten, verstellte doch der verklärende martyrologische[1]
35 Zug des Gedenkens den Blick auf eine Zukunftsorientierung der Oppositionsarbeit.

Jan Kusber, Vom Projekt zum Mythos: Die polnische Maiverfassung 1791, in: Zeitschrift für Geschichtswissenschaft 52 (2004), Heft 8, S. 685–699, hier S. 696f.

1. Fassen Sie in einer Übersicht zusammen, welche Personen und Ereignisse der Zeit um 1791 von der „Solidarność" historisch umgedeutet wurden.

2. Erläutern Sie den Begriff „martyrologischer Zug des Gedenkens" (Zeile 34 f.) mit Blick auf die Situation im kommunistisch regierten Polen.

3. Setzen Sie sich mit den Ergebnissen Ihrer in Aufgabe 1 erstellten Übersicht auseinander: Halten Sie die erfolgten Umdeutungen für stimmig? Was sagt das Geschichtsbewusstsein der „Solidarność" über die Gewerkschaftsbewegung selbst aus? | F

M4 Nationale Feiertage und politisches System

In Polen wurde der staatliche Feiertagskalender im 20. Jahrhundert mehrmals grundlegend revidiert:

Zweite Republik (1918–1944[2])	Volksrepublik (1944–1989)	Dritte Republik (seit 1989)
	1. Mai (Internationaler Arbeitertag)	1. Mai (Tag der Arbeit)
3. Mai (Verfassungstag)		3. Mai (Verfassungstag)
	8. Mai (Nationaler Feiertag des Sieges und der Freiheit[4])	
	9. Mai (Tag der Beendigung der Kampfhandlungen[5])	
	22. Juli (Nationaler Feiertag der Wiedergeburt Polens[6])	
		15. August (Tag der Polnischen Armee[7])
	7. November (Tag der Russischen Oktoberrevolution)	
11. November (Polnischer Unabhängigkeitstag[3])		11. November (Polnischer Unabhängigkeitstag)

Zusammengestellt nach: Elżbieta Hałas, Öffentliche Symbole und polnische Identität. Wandel und Uneindeutigkeit im Kalender der staatlichen Feiertage in der Dritten Republik, in: Robert Traba und Peter Oliver Loew (Hrsg.), Deutsch-Polnische Erinnerungsorte, Bd. 5, Paderborn/München/Wien/Zürich 2015, S. 267–288 (Nicht berücksichtigt sind kirchliche Feiertage sowie (nicht arbeitsfreie) Gedenktage.)

1. Charakterisieren Sie die Feiertage in der Volksrepublik Polen und in der Dritten Republik jeweils als Gegenentwürfe zum vorherigen politischen System. | H

2. Präsentation: Die Dritte Republik verzichtet auf einen Nationalfeiertag, der an die Leistungen der „Solidarność" erinnert. Führen Sie eine Pro-und Kontra-Debatte in der Klasse über Vor- und Nachteile dieser Entscheidung. Tipp: Über den Ablauf einer Pro- und Kontra-Debatte finden Sie Informationen unter dem Code **32205-16**.

3. Präsentation: Recherchieren Sie im Internet, ob und inwieweit im übrigen Ostmitteleuropa Feier- und Gedenktage der kommunistischen Ära beibehalten oder aufgehoben wurden. Stellen Sie Ihre Ergebnisse dem Beispiel Polens sowie des vereinten Deutschland in Form einer Tabelle gegenüber. | F

[1] **martyrologisch:** die Bereitschaft betreffend, für das eigene politische oder religiöse Bekenntnis gewaltsame Unterdrückung zu erleiden
[2] Die Republik Polen wurde 1939 durch die deutsche und sowjetische Besetzung faktisch aufgelöst, bestand aber völkerrechtlich bis 1944 weiter.
[3] **11. November:** Machtübernahme einer unabhängigen polnischen Regierung 1918
[4] **8. Mai:** Ende des Zweiten Weltkrieges in Europa 1945
[5] **9. Mai:** Bedingungslose Kapitulation der Deutschen Wehrmacht 1945
[6] **22. Juli:** Verkündung eines unabhängigen Polen 1944 durch das kommunistische „Polnische Komitee der Nationalen Befreiung"
[7] **15. August:** Abwehr der Roten Armee im Krieg Polens mit Sowjetrussland 1920

Der 9. November: „Schicksalstag" der Deutschen

Internettipp
„Ein besonderes Datum der deutschen Geschichte": Das Deutsche Historische Museum präsentiert online ausgewählte Objekte zur Geschichte des 9. November. Siehe hierzu den Code 32205-04.

Geschichte In Clips
Zur Ausrufung der Republik siehe den Code 32205-05.

Friedrich Ebert (1871–1925): Er arbeitete als Sattler, Redakteur und Gastwirt. Ebert engagierte sich früh in Partei und Gewerkschaft, war ab 1913 SPD-Vorsitzender, übernahm nach Ausrufung der Republik 1918 die Regierungsgeschäfte und wurde 1919 erster Reichspräsident der Weimarer Republik.

Geschichte In Clips
Zum Hitler-Putsch in München siehe den Code 32205-06.

1918: Novemberrevolution | Im Spätherbst 1918 stand das Deutsche Kaiserreich nach vier Jahren Krieg vor dem militärischen Zusammenbruch. Gegen den Befehl der Heeresleitung, die Hochseeflotte solle zu einem letzten Gefecht auslaufen, erhob sich Anfang November in Kiel eine Meuterei. Dem Aufstand schlossen sich rasch Soldaten und Arbeiter in vielen deutschen Großstädten an, die in Massendemonstrationen und Streiks ein sofortiges Ende des Krieges sowie politische Reformen forderten. Obwohl die Proteste friedlich blieben, verließen die deutschen Fürsten teils fluchtartig das Land. Als das Militär auch von Kaiser *Wilhelm II.* abfiel, gab dessen Reichskanzler, Prinz *Max von Baden*, am 9. November eigenmächtig die Abdankung bekannt. Zugleich überließ er die Regierung einem provisorischen *Rat der Volksbeauftragten*, angeführt von den Sozialdemokraten Friedrich Ebert und *Philipp Scheidemann*. Scheidemann sprach noch am selben Tag vom Berliner Reichstag zu den Demonstranten und rief die „Deutsche Republik" aus. Wenige Stunden später verkündete auch der Arbeiterführer *Karl Liebknecht* vom Berliner Stadtschloss die „freie sozialistische Republik". Die *Novemberrevolution* von 1918 hatte die Monarchie in Deutschland beseitigt und machte den Weg frei für Wahlen zu einer Nationalversammlung, die im Februar 1919 in Weimar zusammentrat und eine neue Verfassung verabschiedete.

Gedenken ohne Anerkennung | Die Weimarer Republik, die damals entstand, sah sich von Beginn an großen Belastungen ausgesetzt. Sie übernahm vom untergegangenen Kaiserreich das Erbe des verlorenen Weltkrieges, der das Land wirtschaftlich ruiniert hatte und auf den ein Friedensvertrag mit harten Bedingungen folgte. Viele Deutsche wollten die Niederlage nicht wahrhaben und hielten an dem Irrglauben fest, die Revolution habe einen günstigeren Kriegsausgang oder gar den Sieg verhindert. Teilen der Arbeiterbewegung gingen dagegen die 1918/19 durchgeführten Reformen in Betrieben und Unternehmen nicht weit genug. In ihren Augen hatte es die Revolution versäumt, die alten Führungsschichten in Wirtschaft, Verwaltung, Justiz und Militär zu ersetzen. Wut und Enttäuschung über das Ausbleiben eines gesellschaftlichen Neuanfangs, über die wirtschaftliche Krise und den als Demütigung empfundenen *Versailler Friedensvertrag* richteten sich bald gegen die Republik selbst. Unter diesen Vorzeichen fand das Gedenken an den 9. November, die „Geburtsstunde" der ersten deutschen Republik, damals entweder Geringschätzung oder stieß auf offene Ablehnung (→M1).

1923: Hitler-Putsch | Den größten Nutzen aus dieser negativen Erinnerung zog die extreme Rechte. Ihre Anhänger wollten die noch junge Demokratie zu Fall bringen. In nationalistischen Hetzschriften und auf Kundgebungen wurde das Gedenken an den 9. November 1918 systematisch umgedeutet: Die Revolution war demnach kein Akt der Befreiung, sondern sei das Werk von Verrätern am deutschen Volk gewesen (angebliche „Novemberverbrecher"), das durch eine neue, „nationale Revolution" rückgängig zu machen sei. Zu den antirepublikanischen Wortführern seit Anfang der 1920er-Jahre gehörte auch *Adolf Hitler*, Anführer der rechtsextremen NSDAP, damals kaum mehr als eine Splittergruppe. 1923 verbündeten sich Hitler, der ehemalige General *Erich Ludendorff* sowie Teile des Militärs und der rechtskonservativen Regierung in Bayern. Geplant war ein Staatsstreich gegen die Reichsregierung in Berlin. Als das Vorhaben ins Stocken geriet, preschte Hitler selbstständig vor. Am 8. November 1923 erklärte er im Münchener Bürgerbräukeller die Regierung in Berlin für abgesetzt. Um den Aufstand ins Rollen zu bringen, unternahmen Hitler und Ludendorff zusammen mit bewaffneten Mitstreitern am folgenden Tag, dem Jahrestag der verhassten Novemberrevolution, einen Demonstrationszug durch die Münchener Innenstadt. Von Polizeikräften wurde der Zug gewaltsam aufgelöst, der *Hitler-Putsch* somit im Keim erstickt. Damit scheiterte der vorläufig letzte rechtsgerichtete Umsturzversuch gegen die Weimarer Republik.

Gedenken im Zeichen der Rache | Der 9. November 1923 hätte zum Symbol einer wehrhaften Demokratie werden können, doch das Gegenteil trat ein. Während Ludendorff in dem folgenden Gerichtsverfahren freigesprochen wurde, erhielt Hitler nur eine fünfjährige Haftstrafe, von der er lediglich einige Monate verbüßte. Seine demokratiefeindliche und antisemitische Hetze setzte er während des Prozesses und nach seiner Rückkehr auf die politische Bühne unvermindert fort. Hitler stilisierte den kläglichen Putschversuch nachträglich zum heroischen „Marsch auf die Feldherrnhalle", die damals getöteten Aufrührer zu Märtyrern. Von einem „Schicksalstag" für das deutsche Volk sprachen Hitlers Anhänger: Der 9. November erinnere noch immer daran, dass mit der Republik „abgerechnet" werden müsse (→M2).

Nach der Machtübernahme Hitlers 1933 erhob man den 9. November zum offiziellen *Gedenktag der Gefallenen der Bewegung*. Die jährlichen Feiern sollten an die Anfänge des Nationalsozialismus erinnern, den Kampf gegen die mittlerweile aufgelöste Weimarer Republik. Im öffentlichen Gedenken verdrängte der 9. November 1923 somit die Erinnerung an 1918, und wurde zu einem Gründungsmythos der nationalsozialistischen Bewegung.

1938: Beginn der Judenverfolgung | Seit 1933 wurden die Juden in Deutschland Schritt für Schritt ausgegrenzt und zu Bürgern minderen Rechts degradiert. 1938 verschärfte das NS-Regime seine antijüdische Politik noch einmal durch eine Fülle weiterer Zwangsverordnungen. Die Juden, die Deutschland verlassen wollten, fanden so gut wie nirgendwo im Ausland Aufnahme. Der 17-jährige Herschel Grynszpan, ein nach Frankreich emigrierter Jude, beging einen Anschlag auf ein Mitglied der deutschen Botschaft in Paris. Am 9. November erlag der Diplomat seinen Verletzungen. Auf die Nachricht hin beschlossen Hitler und sein Propagandaminister *Joseph Goebbels*, landesweite Ausschreitungen gegen die jüdische Bevölkerung zuzulassen. In der Nacht zum 10. November brannten Nationalsozialisten an vielen Orten Synagogen und jüdische Geschäfte nieder, verwüsteten jüdische Häuser und Wohnungen, deren Bewohner misshandelt oder getötet wurden oder die sich aus Verzweiflung das Leben nahmen. Polizei und Feuerwehr war es untersagt einzugreifen, während die übrige Bevölkerung meist tatenlos zusah.

Offiziell handelte es sich bei den Gewaltaktionen um Äußerungen eines spontanen „Volkszorns" in Reaktion auf das Attentat. In Wirklichkeit waren die Übergriffe von den Machthabern geplant und der Anschlag von Paris nur ein Vorwand gewesen. Die schreckliche Bilanz des deutschlandweiten Pogroms: über hundert Tote, mehr als 267 Synagogen niedergebrannt, über 7500 jüdische Geschäfte zerstört und zahllose jüdische Friedhöfe verwüstet. Etwa 30 000 jüdische Männer wurden in Konzentrationslager verschleppt, wo mehrere Tausend ums Leben kamen. Überdies beschlagnahmte die Regierung sämtliche jüdischen Geschäfte, Unternehmen und Privatwohnungen. Die Juden im Deutschen Reich wurden nun vollends entrechtet, die Mehrzahl verließ daraufhin das Land.

Mit dem Pogrom von 1938 ging das NS-Regime von der Unterdrückung zur offenen Verfolgung der Juden über. In der deutschen Bevölkerung gab es so gut wie keinen Protest, nur Unmut über die Krawalle und Sachschäden, weshalb im Volksmund der verharmlosende Begriff der „Kristallnacht" üblich wurde. Das Ausland verurteilte den Pogrom, unterließ jedoch scharfe Sanktionen gegen Deutschland. Gleichwohl sah das NS-Regime davon ab, die künftigen Gewaltmaßnahmen gegen die Juden in ähnlicher Offenheit zu vollziehen. An den Novemberpogrom wurde in den folgenden Jahren nicht offiziell erinnert. Den Weg zur Vernichtung der Juden in Europa gingen die Nationalsozialisten dennoch unbeirrt weiter.

Herschel Grynszpan (1921– nach 1942): polnischer Jude, geboren in Hannover, 1935 nach Frankreich emigriert, wollte durch sein Attentat auf einen deutschen Botschaftsangehörigen am 7. November 1938 auf das Schicksal jüdischer Flüchtlinge in Europa aufmerksam machen. 1940 wurde er an Deutschland ausgeliefert, wo er in Haft blieb und vermutlich vor Kriegsende starb.

Pogrom (russ.: Zerstörung, Krawall), hier: Bezeichnung für gewalttätige Ausschreitungen gegen jüdische Minderheiten

Geschichte In Clips
Zu den Novemberpogromen siehe den Code **32205-07**.

▶ Präsentation: Recherchieren Sie im Internet nach Sondermarken anderer Länder zum Gedenken an die Pogromnacht (z. B. ehemalige DDR, Israel). Stellen Sie ein ausgewähltes Beispiel in der Klasse vor.

Volkskammer: Bezeichnung für das Parlament der DDR mit Sitz in Ost-Berlin

SED: Sozialistische Einheitspartei Deutschlands, gegründet 1946. Bis zum November 1989 kontrollierte sie in der DDR alle öffentlichen Einrichtungen und manipulierte Wahlen und Abstimmungen, die übrigen Parteien und Verbände mussten ihre Führungsrolle anerkennen.

Erich Honecker (1912–1994): kommunistischer Politiker, 1971 bis 1989 Parteichef der SED, 1976 bis 1989 Staatschef der DDR

Geschichte **In** **C**lips
Zum Fall der Berliner Mauer siehe den Code **32205-08**.

Gedenken in Trauer | Nach Ende des Zweiten Weltkrieges war die Pogromnacht von 1938 in Deutschland lange Zeit kaum Gegenstand öffentlichen Gedenkens. In der Bundesrepublik fanden erst zum vierzigsten Jahrestag 1978 vielfältige Gedenkveranstaltungen statt, an denen auch die Bundesregierung mitwirkte. Das öffentliche Interesse an einer Aufarbeitung des Holocaust nahm seit den 70er-Jahren immer mehr zu. Dabei verdrängte die Erinnerung an den 9. November 1938 auch diejenige an 1918, die bis dahin im Vordergrund gestanden hatte (➜M3).

Ein ähnlicher Wandel des kollektiven Gedächtnisses vollzog sich ebenso in der DDR, vor allem auf Betreiben der Kirchen, die an die deutschen Verbrechen gemahnten und zu Frieden und Toleranz aufriefen. 1988 hielt erstmals auch die Volkskammer eine Gedenkveranstaltung zum Novemberpogrom ab. Das parallel verlaufende Erinnern in Ost- und Westdeutschland sorgte für eine Art „nationalen Gedenktag" (Harald Schmid) über die staatliche Trennung hinweg. Grenzüberschreitend galt der 9. November seither als Mahnung gegen Antisemitismus, Rassismus und die Unterdrückung von Minderheiten.

1989: Fall der Berliner Mauer | Mit der deutschen Teilung hatten sich die Menschen in Bundesrepublik und DDR seit den 70er-Jahren abgefunden. Sie wurde nicht zuletzt als Ergebnis des von Deutschen verschuldeten Zweiten Weltkrieges anerkannt.

Auch die Bürgerproteste in der DDR, die seit Sommer 1989 immer offener die Diktatur der SED kritisierten, forderten mehr Gerechtigkeit im eigenen Staat, nicht dessen Auflösung. Das SED-Regime verlor zusehends an Rückhalt – in der eigenen Bevölkerung, die die staatliche Bevormundung und Mangelwirtschaft nicht mehr hinnehmen wollte, wie auch in der Sowjetunion, die sich selbst im Umbruch befand und keine Anstalten machte, den Machthabern notfalls militärisch zu Hilfe zu eilen. Mitte Oktober 1989 wurde die Staatsführung um Erich Honecker ausgewechselt. Die neue SED-Regierung um *Egon Krenz* suchte ihren Machterhalt mit dem Versprechen nach Reisefreiheit. Am 9. November wurde ein Gesetz vorgestellt, das Reisen auch ins westliche Ausland erlaubte. In der Pressekonferenz erklärte das Regierungsmitglied *Günter Schabowski* das Reisegesetz fälschlich für bereits in Kraft getreten. Noch in der Nacht strömten Ost-Berliner Bürgerinnen und Bürger zu den Grenzübergängen, deren Wachleute vor dem Andrang kapitulierten und die Menschen bald ohne Kontrollen passieren ließen. Ungehindert kletterten nun auch Passanten auf die Berliner Mauer, die mit einem Mal keine Bedrohung mehr darstellte. Die Mauer durch Berlin, seit 1961 das Symbol der Teilung Deutschlands und Europas, war plötzlich hinfällig.

Durch den Mauerfall wurde die *friedliche Revolution* in der DDR, die bereits in vollem Gange war, sowohl beschleunigt als auch in ihrer Richtung verändert. Noch im selben Monat trat die Regierung Krenz zurück, die SED gab ihren Führungsanspruch auf und versprach erstmals freie Wahlen. Seit den Ereignissen vom 9. November 1989 forderten immer mehr DDR-Bürger eine Vereinigung mit der Bundesrepublik. Schon ein Jahr später gelang dieser Schritt, da die Westdeutschen die Einheit ebenfalls begrüßten und die USA, die Sowjetunion und die Nachbarländer in Europa den Zusammenschluss billigten und unterstützten.[1]

_____

[1] Über den Weg zur deutschen Einheit informiert das Kapitel auf den Seiten 54 bis 57.

Schweigemarsch von Studenten in München.

Foto vom 9. November 1990. Ein Jahr nach dem Fall der Berliner Mauer veranstaltete der Bundesverband jüdischer Studenten in Deutschland einen Schweigemarsch in München zum Gedenken an die Pogromnacht von 1938. Der Zug führte zum Münchener Odeonsplatz, dem Ort, an dem 1923 der Hitler-Putsch aufgelöst worden war.

▶ Interpretieren Sie das Transparent „1989 Freuen ja, 1938 vergessen?" auf dem Foto.

▶ Präsentation: Gestalten Sie ein Transparent, das bei einem heutigen Schweigemarsch zum 9. November gezeigt werden könnte.

Robert Blum (1807–1848): Politiker, Dichter und Verleger, trat während der Märzrevolution von 1848/49 für eine deutsche Republik ein, wurde als Teilnehmer am Aufstand demokratischer Revolutionäre in Wien gefangengenommen, durch ein Standgericht verurteilt und hingerichtet

Gedenken in neuem Licht | Der Mauerfall vom 9. November 1989 galt schon bald als zentrales Ereignis der friedlichen Revolution, auch wenn der Durchbruch der DDR-Bürgerproteste schon zuvor stattgefunden hatte. Das Datum stand auch für den Erfolg der übrigen Reformbewegungen in Ostmittel- und Osteuropa, die 1989/90 zum Zusammenbruch der kommunistischen Regime führten.

Vor allem symbolisierte der Mauerfall den Weg zur deutschen Einheit. Überlegungen und Vorschläge, den Tag deshalb zum neuen Nationalfeiertag zu erheben, wurden jedoch mit Rücksicht auf die Erinnerung an die Pogromnacht von 1938 verworfen.[1] Das bisherige Gedenken zum 9. November sollte nicht erneut umgewidmet, sondern um die Erinnerung an den Mauerfall erweitert werden. Seither verbanden sich mit dem 9. November höchst gegensätzliche Emotionen: Trauer und Scham über Gewalttaten und das Versagen zivilen Widerstands, aber auch Freude über den Mut und die friedliche Selbstbefreiung eines Volkes.

Frankfurter Paulskirche: von Mai 1848 bis Mai 1849 Tagungsort einer deutschen Nationalversammlung für eine staatliche Einigung und Verfassunggebung

9. November: Gedenken im Plural | Diese Gegensätze und Spannungen führten zu einem intensiven Nachdenken über den 9. November und seine historische Bedeutung. In den Betrachtungen traten weitere Facetten hinzu. So wurde an die Hinrichtung des Verlegers und Dichters Robert Blum 1848 erinnert, eines Abgeordneten der Frankfurter Paulskirche, der seine Solidarität mit den Revolutionären in Wien mit dem Leben bezahlt hatte. Blum war schon im späteren 19. Jahrhundert zur Identifikationsfigur für Liberale und Sozialdemokraten geworden, noch während der Revolution von 1918 hatte man an sein Vorbild erinnert. Historische Würdigung erfuhr seit den 1990er-Jahren auch der Handwerker Georg Elser. Er hatte, ganz auf sich gestellt, bei den NS-Feiern zum 8./9. November 1939 im Münchener Bürgerbräukeller ein Bombenattentat auf Hitler verübt. Elser repräsentierte ein „besseres Deutschland", das der NS-Diktatur mit individuellem Widerstand entgegengetreten war.

Der 9. November steht für unterschiedliche Ereignisse der deutschen Geschichte. Zwischen ihnen besteht nicht nur ein kalendarischer Zusammenhang, vielmehr lassen sich auch inhaltliche Verbindungen herstellen. So erinnert das Datum an die zahlreichen politischen und gesellschaftlichen Umbrüche in der deutschen Geschichte des 20. Jahrhunderts. Angesichts der Vielzahl der Gedenkanlässe spricht man häufig vom „Schicksalstag". Auch wenn der Begriff bereits von den Nationalsozialisten verwendet wurde, scheint er insofern berechtigt, als der 9. November an verpasste oder genutzte Chancen und ihre weitreichenden Folgen gemahnt (→ M4).

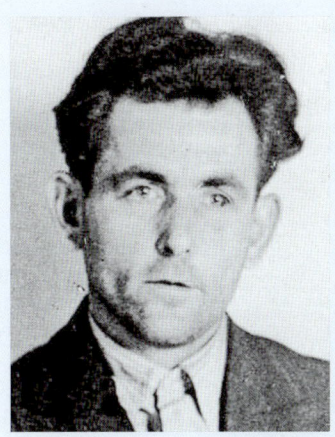

Georg Elser (1903–1945): Kunstschreiner, Widerstandskämpfer gegen die Nationalsozialisten, wurde am 9. April 1945 hingerichtet

---

[1] Zur Diskussion um den 9. November als möglichen Nationalfeiertag siehe auch M1 auf Seite 56 sowie das Kapitel „Geschichte kontrovers: Der 9. November – ein besser geeigneter Feiertag?" auf Seite 60 f.

M1 Der „wichtigste 9. November"

Auf einem Diskussionsforum im Jahr 1997 werden Vorträge über die verschiedenen Gedenkanlässe zum 9. November gehalten. Der CDU-Politiker Friedbert Pflüger (*1955) bemerkt zum Datum der Revolution von 1918:

Dabei ist der Novembertag 1918 vielleicht der wichtigste 9. November. Er ist ein Schlüsseltag zum Verständnis dessen, was sich in Deutschland seit damals entwickelt hat – im Guten wie im Bösen. Zunächst ist festzuhalten, dass der
5 9. November 1918 das Ende der Monarchie in Deutschland markiert. [...]
Wir wissen heute, dass Friedrich Ebert, der erste Reichspräsident, die Monarchie damals am liebsten nicht abgeschafft hätte. Über die Ausrufung der Republik durch den sozial-
10 demokratischen Parteifreund Philipp Scheidemann war er erbost und stellte ihn zur Rede. Vor der sozialistischen Revolution, vor Arbeiterräten nach sowjetischem Vorbild fürchtete er sich.
So verständlich die Ängste Eberts vor Unordnung, Anarchie
15 und sozialistischer Revolution damals gewesen waren [...], Tatsache ist: Wieder einmal war eine deutsche Revolution steckengeblieben und in einer Konterrevolution erstickt worden! Die Weimarer Republik stand auf schwachen Füßen. Reichswehr und kaiserliche Beamtenschaft blieben die
20 Säulen des Staates; es gab keinen radikalen Bruch mit der alten Ordnung, vielmehr wirkte sie in die Weimarer Republik hinein, prägte und schwächte sie zugleich. [...]
Die Revolution vom 9. November 1918 war also in den Worten Ernst Fraenkels[1] [...] nur eine „halbe Revolution".
25 Aus ihr erwuchs später die „ganze Niederlage". Wäre die Loslösung vom „ancien régime"[2] klarer erfolgt, die Kritik an Krieg und Kaiser entschiedener ausgefallen – vielleicht wären uns Nazi-Diktatur, Zweiter Weltkrieg, Holocaust und später die Teilung unseres Vaterlandes erspart geblieben.
30 Also auch die folgenden 9. November.

Friedbert Pflüger, Der 9. November – ein Schlüsseldatum für Deutschland, in: Der 9. November in der Geschichte der Deutschen, Redaktion: Heinrich Potthoff, Bonn 1998, S. 49–56, hier S. 52 f.

---

1. Der Verfasser bezeichnet den 9. November 1918 als „Schlüsseltag" (Zeile 2). Erläutern Sie, was damit gemeint ist.

2. Nehmen Sie Stellung zu der Aussage, die Erinnerung an 1918 sei vielleicht der wichtigste Gedenkanlass am 9. November. Berücksichtigten Sie dabei, dass das Datum nicht nur die Gründung, sondern auch das spätere Scheitern der ersten deutschen Republik ins Gedächtnis ruft.

M2 „Schicksalstag" im Sinne des Nationalsozialismus

Der rechtsextreme Schriftsteller Alfred Rosenberg (1893–1946) hetzt seit Anfang der 1920er-Jahre gegen Juden, Sozialdemokraten und Kommunisten. Er wird Mitglied der NSDAP, Chefredakteur der Parteizeitung „Völkischer Beobachter" und nimmt 1923 am Hitler-Putsch teil. In einer Veröffentlichung aus dem Jahr 1927 schreibt er:

Das Wesen jeder Epoche großer Entscheidungen wird durch die Beurteilung einiger Wendepunkte, oft eines einzigen Tages versinnbildlicht. Für den Franzosen ist der 14. Juli 1789 jener Tag, über dessen Einschätzung seit
5 130 Jahren gestritten wird; jener Tag, an dem sich die Geister des alten Frankreichs von dem „Geist der modernen Demokratie" schieden. Jedem Deutschen wiederum gilt der 18. Januar 1871[3] als ein Prüfstein für sein eigenes Wesen. Deshalb ist dieser Tag der Reichsgründung von den einen
10 gefeiert, von den anderen jahrzehntelang verspottet worden. Ein solcher Schicksalstag ist auch der 9. November 1918. Um seine Bedeutung wird in leidenschaftlicher Weise gerungen, und während gewisse Kreise heute bemüht sind, ihn zu einem Nationalfeiertag zu stempeln, steht er in den Augen vieler Millionen da als ein Tag des schmäh-
15 lichsten Zusammenbruches nicht nur der Formen der vergangenen Zeit, sondern als Zeugnis eines Zusammenbruchs deutscher Selbstbehauptung schlechthin, als ein Sieg des Meineids und des Verrats über die guten Kräfte des deutschen Volkes. [...]
20
In der Beurteilung der Tat vom 9. November 1918 scheiden sich die Geister. Er ist ein Schicksalstag und jeder Deutsche muss wissen, ob er diesen Tag, die Taten, die zu ihm führten, und die Folgen, die aus ihm entstanden sind, bejaht, oder ob er ihn mit seiner ganzen Leidenschaft ablehnt als einen Tag
25 der Schmach und der Schande, aus welcher nur durch rücksichtslosen Kampf gegen die in ihr sich offenbarenden Kräfte allein Deutschland einst wieder auferstehen kann.

Alfred Rosenberg, Dreißig Novemberköpfe, Berlin 1927, S. 7 und 10

---

1. Informieren Sie sich im Internet über die Biografie Alfred Rosenbergs nach 1923 und seine Rolle während der NS-Herrschaft.

2. Charakterisieren Sie Rosenbergs Auffassung vom Zweck eines Gedenktages.

3. Präsentation: Verfassen Sie eine sachliche Erwiderung auf Rosenberg, die sein Urteil über den 9. November 1918 zurückweist. | H

---

[1] **Ernst Fraenkel** (1898–1975): Jurist und Politikwissenschaftler, emigrierte 1933 nach Großbritannien, dann in die USA, kehrte 1951 nach (West-)Berlin zurück
[2] **Ancien régime** (frz.): alte politisch-soziale Ordnung

[3] **18. Januar 1871:** Im besetzten Versailles wird König Wilhelm I. von Preußen vor den deutschen Fürsten zum Kaiser ausgerufen (Kaiserproklamation).

M3 Die „deutsche Nacht" von 1938

Helmut Schmidt (1918–2015), von 1974 bis 1982 Bundeskanzler, besucht 1977 als erster deutscher Regierungschef das ehemalige Konzentrationslager Auschwitz. Im Jahr darauf hält er in der Kölner Synagoge die Rede auf der zentralen Gedenkveranstaltung zum 40. Jahrestag der Pogromnacht:

Die deutsche Nacht, zu deren Gedenken wir uns heute nach vierzig Jahren versammelt haben, bleibt Ursache für Bitterkeit und Scham. Wo Gotteshäuser brannten, wo auf einen Wink der Machthaber zerstört und geraubt, gedemütigt,
5 verschleppt, eingekerkert wurde, da gab es keinen Frieden mehr, keine Gerechtigkeit, keine Menschlichkeit mehr. Der 9. November 1938 war eine Station auf dem Wege in die Hölle. [...]
Die damaligen Generationen konnten 1933, 1935[1] oder
10 1938 die Katastrophe einer anti-humanen Diktatur nicht mehr verhindern, weil ihnen die Demokratie, die 1918 ausgerufen war, schon aus den Händen geglitten ist, noch bevor sie die Demokratie bewusst angenommen und entfaltet hatten. [...]
15 Wir blicken zurück, um zu lernen. Wir blicken zurück und versuchen zu begreifen, damit die Konsequenzen gezogen werden können. Damit diejenigen einen unbefangenen Umgang miteinander finden können, die damals Kinder waren oder die erst später geboren wurden [...]. Wir gedenken um
20 zu lernen, wie Menschen miteinander umgehen sollen und wie sie miteinander nicht umgehen dürfen.
Es kann nicht darum gehen, unser Volk in den Schuldturm der Geschichte zu werfen. Ich wiederhole, was ich in Auschwitz sagte: Die heute lebenden Deutschen sind als Personen
25 zu allermeist unschuldig. Aber wir haben die politische Erbschaft der Schuldigen zu tragen und aus ihr die Konsequenzen zu ziehen. Hier liegt unsere Verantwortung.

Zitiert nach: https://www.helmut-schmidt.de/fileadmin/Aktuelles/Aktuelles_OdW/2018_11_09_BKHS_OdW_41_HS_Rede_in_Koelner_Synagoge.pdf (Auszüge; Zugriff: 19. Januar 2021)

1. Schmidts Rede war die erste eines Bundeskanzlers zum Gedenken an die Pogromnacht. Arbeiten Sie heraus, welche Begriffe und Aussagen damals besonderen Eindruck hinterlassen haben könnten. | F

2. Erläutern Sie den Zusammenhang mit dem 9. November 1918, den Schmidt hier geltend macht. | H

3. Gruppenarbeit: Diskutieren Sie über das Verhältnis zwischen dem Gedenken am 9. November und dem Holocaust-Gedenktag am 27. Januar. Ziehen Sie dazu das Kapitel auf den Seiten 46 bis 53 heran.

---

[1] **1935**: Hinweis auf die im September jenes Jahres erlassenen Nürnberger Gesetze, die Juden in Deutschland in ihren Rechten stark einschränkten

M4 Ein schwieriger Gedenktag

*Der Historiker und Politikwissenschaftler Peter Steinbach (*1948) charakterisiert das Gedenken zum 9. November in Vergangenheit und Gegenwart:*

Geschichte ist [...] sehr oft ebenso umstritten wie umkämpft. Sie wird zum Politikum[2] und dient dann weniger der Besinnung und Versöhnung als der Zuspitzung von Gegensätzen durch die Produktion von Schlagwörtern. Nicht selten prägt die Umstrittenheit auch das öffentliche 5 Gedenken selbst. [...]
Dieses Spannungsverhältnis zeigt sich auch, wenn wir den 9. November als deutschen Gedenktag betrachten. Denn er verlangte stets eine Stellungnahme angesichts vielschichtiger Ereignisse und ihrer Verkettungen – für oder gegen 10 die Republik von Weimar, für oder gegen die Nationalsozialisten, für oder gegen die individuelle oder kollektive Verantwortung für das Unrecht der Judenverfolgung, für oder gegen die deutsche Einheit, den SED-Staat, die Ordnung des Grundgesetzes und die Selbstbestimmung der 15 Deutschen. Als Gegenstand erinnernder Reflexion fordert dieser Tag sogar nachträglich zur Entscheidung auf. Zudem standen alle Ereignisse in einem Zusammenhang und entzogen sich dem partiellen Gedenken und einem Erinnern, welches einen Aspekt zu isolieren suchte. Das ist das Erin- 20 nerungspotential dieses Tages und macht seine Chance aus. Zugleich liegt in dieser Besonderheit möglicherweise auch die Erklärung dafür, dass es dieser Tag schwer hat, in seiner Vielschichtigkeit wahrgenommen und akzeptiert zu werden. 25

Peter Steinbach, Der 9. November in der deutschen Geschichte des 20. Jahrhunderts und in der Erinnerung, in: Aus Politik und Zeitgeschichte Jg. 49 (1999), Heft B43/44, S. 3–11, hier S. 3

1. Kennzeichnen Sie die genannten weltanschaulichen Gegensatzpaare (Zeile 10 bis 16) jeweils als Richtungsentscheidungen in ihrer Zeit.

2. Gruppenarbeit: Finden Sie jeweils Schlagworte zu den einzelnen Gedenkanlässen, die sich mit dem 9. November 1848, 1918, 1923, 1938, 1939 und 1989 verbinden.

3. Präsentation: Entwickeln Sie ein Schaubild, das die möglichen „Verkettungen" (Zeile 10) zwischen den in Aufgabe 2 benannten Gedenkanlässen aufzeigt (z.B. 1923: Versagen des Rechtsstaates gegen Hitler – 1938: Fehlen eines Rechtsstaates zur Abwehr der Judenverfolgung, oder 1848 – 1918 – 1989: Drei deutsche Revolutionen).

4. Präsentation: Führen Sie eine Umfrage in Ihrem Freundes- und Bekanntenkreis durch:
a) Was verbinden Sie mit dem 9. November?
b) Wie sollte Ihrer Meinung nach die 9. November als Gedenktag begangen werden?
Stellen Sie die Ergebnisse in der Klasse vor.

---

[2] **Politikum** (lat.): Begebenheit oder Frage, die die Öffentlichkeit beschäftigt

Der 11. August: nationaler Festtag der Weimarer Republik

Bedrohte Freiheit | „Es lebe die Deutsche Republik" – mit diesen Worten wurde am 9. November 1918 in Berlin die Ablösung der Monarchie verkündet. Die Republik sah sich jedoch ständigen Bedrohungen ausgesetzt, von Attentaten auf Politiker über Abspaltungstendenzen einzelner Länder und Regionen bis hin zu Umsturzversuchen rechts- und linksextremer Gruppen. Unter den Vertretern von Justiz, Militär und Verwaltung herrschte große Skepsis gegenüber dem neuen Regierungssystem. Ebenso sorgten eine weltanschaulich tief gespaltene Gesellschaft, verbreitete Armut und Arbeitslosigkeit, das Trauma des verlorenen Weltkrieges und eine als ungerecht angesehene Friedensordnung dafür, dass die Bevölkerung dem neuen Staat wenig Vertrauen entgegenbrachte. Angesichts dieses Mangels an Legitimität war es umso wichtiger, neue Symbole zu finden, die die freiheitlich-demokratische Ordnung in den Köpfen und Herzen der Menschen verankern halfen. Das galt besonders für den Nationalfeiertag. Im Kaiserreich hatte der Geburtstag des Monarchen diese Funktion erfüllt, nun musste ein neues Datum gefunden werden, mit dem sich die Deutschen identifizieren konnten.

Verfassungstag | Im Frühjahr 1919 hatte die Verfassunggebende Nationalversammlung in Weimar den 1. Mai (Tag der Arbeit) zum gesetzlichen Feiertag bestimmt.[1] Diese Regelung galt jedoch nur im Jahr 1919, danach gab es für sie nie wieder eine Mehrheit im Parlament. Ende 1919 entschied sich die Reichsregierung für den *11. August* als nationalen Feiertag. An diesem Tag war 1919 die neue Verfassung durch Reichspräsident *Friedrich Ebert* unterzeichnet worden. Der damalige Außenminister *Hermann Müller* (SPD) hielt den Tag für „geeignet, die im Auslande bestehenden Zweifel an dem Bestand der demokratischen Staatsform des Deutschen Reiches zu zerstreuen".

Um den 11. August als gesetzlichen Feiertag festzulegen, bedurfte es der Zustimmung des Parlaments. Dort kam jedoch keine Einigung zustande, weder bei der ersten Gesetzesinitiative von 1922, noch in den zahlreichen späteren Anläufen, die bis 1931 unternommen wurden. Stets behauptete sich der Widerstand von Parteien rechts und links der politischen Mitte, die entweder für ein anderes Datum eintraten oder eine Regelung den Ländern überlassen wollten. Von diesen erhoben nur Baden und Hessen den Verfassungstag per Gesetz zum Feiertag.

Verfassungsfeiern | Obgleich kein reichsweiter gesetzlicher Feiertag, wurde der 11. August dennoch in jährlichen *Verfassungsfeiern* begangen. 1921 fand in Berlin erstmals ein Festakt von Regierung und Parlament statt, der die Weimarer Verfassung würdigte. Zum Verfassungstag 1922 rief Reichspräsident Ebert die Menschen dazu auf, in den Nationalfarben Schwarz-Rot-Gold zu dekorieren und als Nationalhymne das Deutschlandlied zu singen. Das Gedenken an die Verfassung sollte sich mit Fahnen und Gesang zu einem Bekenntnis für die Republik verbinden (→M1).

Die Feiern von 1922 wurden stilbildend für die kommenden Jahre, in der Hauptstadt Berlin ebenso wie in ganz Deutschland. Am 11. August wurden die Gebäude von Reichsbehörden beflaggt. Beamte und Angestellte des Reiches hatten dienstfrei, alle übrigen Beschäftigten sollten auf Wunsch Urlaub nehmen können. In den Schulen und an Universitäten fanden Ansprachen statt. Daneben gab es Konzerte, Volksfeste und Fackelzüge. Um ein möglichst breites Publikum und besonders die Jugend anzusprechen, richtete man aus Anlass des Verfassungstages nationale Sportwettkämpfe aus. Die Siegerurkunden waren vom Reichspräsidenten signiert – eine symbolische Nachahmung der Unterzeichnung der Verfassung, auf die der Festtag zurückging.

Ehrenpreis des Reichspräsidenten.
Medaille von 1930, nach einem Entwurf von Theodor Caspar Pilartz. Umschrift Avers: „Verfassungstag im Jahre der Rheinlandbefreiung 1930". Seit 1923 verlieh das Staatsoberhaupt Medaillen für Sportwettkämpfe zum Verfassungstag. Später war auf den Medaillen auch ein jährlich wechselndes Thema für den Verfassungstag vermerkt. 1930 feierte man den Abzug der französischen und belgischen Besatzungstruppen aus dem Rheinland.

▶ Gruppenarbeit: Diskutieren Sie, inwieweit Wettkämpfe und Auszeichnungen geeignet waren, für die Weimarer Republik zu werben.

Deutschlandlied (eigentlich: Lied der Deutschen): von August Heinrich Hoffmann von Fallersleben (1798–1874) 1841 verfasstes Gedicht zu einer Melodie von Joseph Haydn (1732–1809). 1922 erklärte es Reichspräsident Ebert zur Nationalhymne.

---

[1] Zum Maifeiertag und seinen Anfängen siehe auch Seite 23.

Die Gestaltung der zentralen Feiern zum Verfassungstag in Berlin oblag dem *Reichskunstwart*. Seit 1920 wurde dieses Amt von dem Kunsthistoriker und späteren Hochschulrektor *Edwin Redslob* bekleidet, in dessen Zuständigkeit alle Fragen staatlicher Symbole und Selbstdarstellung fielen. Als bedeutender Akteur der Verfassungsfeiern trat auch das *Reichsbanner Schwarz-Rot-Gold* in Erscheinung. Der im Februar 1924 gegründete Verein, der sich dem Schutz der Republik verschrieb, verfügte über eine große Anhängerschaft. Zum 11. August organisierten seine Mitglieder in vielen Städten Massenkundgebungen und feierliche Umzüge.

Geringschätzung und Widerstand | Trotz des Engagements der Reichsregierung und republiktreuer Parteien und Verbände blieb der Verfassungstag in der Öffentlichkeit umstritten (→M2). Alljährlich bot Deutschland am 11. August ein völlig uneinheitliches Bild. Wo es prorepublikanische Regierungen gab, wie etwa in Preußen, Baden oder Hessen, wurde der Tag offiziell begangen. Republikskeptische Länderregierungen wie in Bayern ignorierten dagegen die Verfassungsfeiern. Es kam vor, dass Reden zur Feier der Verfassung an Schulen und Hochschulen die Monarchie als die bessere Staatsform darstellten. Konservative und rechtsgerichtete Medien berichteten zwar über den Verfassungstag, klammerten jedoch positive Inhalte wie die Würdigung von Freiheit, Selbstbestimmung und nationaler Einheit vorsätzlich aus. Radikale Gegner der Republik wie Kommunisten und Nationalsozialisten sorgten am 11. August häufig für Störungen oder zettelten gewaltsame Ausschreitungen an. Für sie bot der Verfassungstag eine Zielscheibe, um ihren Hass auf die bestehende Ordnung zu demonstrieren.

Letzte Jahre der Republik | Gegen Ende der 1920er-Jahre erlebten die Verfassungsfeiern ihren Höhepunkt. Zum zehnjährigen Jubiläum der Weimarer Reichsverfassung 1929 sowie im Jahr darauf wurden im ganzen Land mehrtägige Feiern veranstaltet, die ein Millionenpublikum anzogen. Neben den üblichen Festakten und Volksfeiern fanden nun auch Massenfestspiele mit tausenden jugendlichen Mitwirkenden statt. Es schien, als stünde eine Mehrheit der Deutschen endlich hinter der Republik.

Der öffentliche Zuspruch, der sich mit dem 11. August verband, hielt jedoch nicht lange an. Die Weltwirtschaftskrise seit 1929 und die folgenden wirtschaftlichen Zerrüttungen in Deutschland zwangen schon 1931 dazu, den Aufwand der Verfassungsfeiern deutlich zu verringern. Für ihre Politik in der Krise behalf sich die Reichsregierung seit 1930 mit fortgesetzten Notverordnungen, unter Umgehung des Parlaments. Da die Verfassung damit ausgehöhlt wurde, verlor sie auch als Symbol ihre Geltung. 1932 fanden letztmals Verfassungsfeiern statt. Im Jahr darauf schenkten die an die Macht gelangten Nationalsozialisten dem Datum keine Beachtung mehr.

1934 führte das NS-Regime eine völlig neue staatliche Feiertagsregelung ein. Der 11. August kam nicht darin vor. Zusammen mit der Weimarer Republik war auch ihr wichtigster Festtag abgeschafft worden (→M3).

Plakat zur Verfassungsfeier des Reichsbanners Schwarz-Rot-Gold in Frankfurt am Main, 11./12. August 1928.
Entwurf von Hans Scheil.
Das Reichsbanner beging seine eigene Bundes-Verfassungsfeier, die zentrale Gedenkveranstaltung zum 11. August, jedes Jahr an einem anderen Ort. 1928 fand sie in Frankfurt am Main statt, aus Anlass des 80. Jahrestages der ersten Verfassunggebenden Versammlung für Deutschland in der Frankfurter Paulskirche.

▶ Interpretieren Sie das Plakat. | H

M1 „Mangel an Bekennermut"

In der Berliner „Vossischen Zeitung" erscheint eine kritische Nachlese zum Verfassungstag des Jahres 1924:

Nie war ein Tag in deutschen Landen so wie der elfte August zum Nationalfeiertag geschaffen: ein Tag auf der Höhe des Sommers, in Wärme und Licht, ein Tag, der zum Feiern, zu Volksfesten im Freien gar nicht besser gewählt sein
5 könnte. Aber, wo hat man in der Viermillionenstadt Berlin, abseits von den offiziellen Feierlichkeiten, überhaupt etwas von einer festlichen Stimmung bemerkt! Wo sah man auch nur das äußerliche Symbol des Nationalfeiertages, die schwarz-rot-goldene Flagge, auf einem Privatgebäude oder
10 an einer Ladenfront! […] Noch auffälliger präsentierten sich die großen Bahnhofsplätze. Nur auf den reichsfiskalischen[1] Bahnhofsgebäuden flatterten die Fahnen; auf den umliegenden Privathäusern, auf den Türen und von den Giebeln der großen Hotelpaläste flatterte – nichts. Für sie
15 alle existierte der Verfassungstag nicht; für sie hatte – nebenbei bemerkt – mit ganz vereinzelten Ausnahmen auch der Gedenktag für die Kriegsgefallenen am 3. August nicht existiert. Und es war bezeichnend, dass eines der größten Berliner Hotels am Potsdamer Platz am 3. August nicht die
20 Reichsflagge, sondern die Fahne mit den Berliner Farben Rot-Weiß-Rot gehisst hatte!

Und da liegt des Pudels Kern. Man getraut sich einfach nicht, die schwarz-rot-goldene Flagge zu zeigen, aus Angst, die „vornehmen" Gäste, der Herr Baron Dingspritzelwitz
25 oder der Herr Generaldirektor Soundso, könnten dieses Bekenntnis zur deutschen Republik übel vermerken. […]

Und wie benimmt sich eigentlich unser republikanisches Bürgertum in dieser Angelegenheit des Prestiges der deutschen Republik? Dass die Gegner der Republik trotz allem
30 auch heute noch nicht in der Mehrheit sind, haben wohl die letzten Reichstagswahlen deutlich bewiesen. Aber wenn man gestern den Kurfürstendamm, die Bismarckstraße, die Kantstraße hinabblickte, die Straßen, in denen doch Tausende von demokratischen Wählern wohnen, dann sah
35 man von schwarz-rot-goldenen Fahnen ebenso wenig wie in den Geschäftsstraßen der inneren Stadt. Auch hier der gleiche Mangel an Bekennermut, das feige Verkriechen vor dem deutschnationalen oder völkischen Nachbar, der an dem schwarz-rot-goldenen Banner vielleicht Anstoß neh
40 men könnte.

Wir entsinnen uns noch der Tage, an denen jedes freudige Ereignis im erlauchten Herrscherhause, war es auch nur die glückliche Niederkunft einer allerhöchsten Wöchnerin, augenblicklich durch einen Fahnenwald untertänigst gefeiert wurde. Und nahte gar der Geburtstag des Mannes, der
45 uns den „herrlichen Zeiten" entgegengeführt hat[2], deren das deutsche Volk sich heute erfreut, so sparte man Prospekte nicht und nicht Maschinen; die Schaufenster wurden ausgeräumt, die Fronten mit Fahnen und Girlanden, mit strahlenden Sternen und flackernden Lichterreihen ge
50 schmückt. Damals hätte ein größeres Restaurant oder ein Hotel es einmal wagen sollen, sich von der offiziell befohlenen Festfreude auszunehmen! Der blaue Herr Polizeileutnant wäre in Person erschienen, um den säumigen Wirt schleunigst an seine vaterländischen Pflichten zu erinnern.
55 Aber heute? Die deutsche Republik verschmäht es, irgendwelchen Gewissenszwang auszuüben; die freie Verfassung, die wir gestern gefeiert haben, verbietet es. Und Budiker[3], Wirte und Hoteldirektoren, die des freien Geistes der republikanischen Verfassung augenscheinlich noch keinen
60 Hauch verspürt haben, beugen sich, mit Bekennermut eben nicht beschwert, immer noch vor dem Stirnrunzeln ihrer vornehmen Gäste, wagen nicht, an einem nationalen Festtag ihrem Haus ein festliches Gewand zu geben, weil dieses Nationalfest kein deutschnationales Fest ist.
65

M. L., Die Angst vor Schwarz-Rot-Gold, in: Vossische Zeitung, Nr. 380, 12. August 1924, S. 9 (gekürzt)

---

1. Fassen Sie die Vorwürfe gegen das damalige Feierverhalten am Verfassungstag zusammen. **| F**

2. Arbeiten Sie heraus, welche Unterschiede zwischen dem Verfassungstag und den nationalen Festen und Feiertagen im Kaiserreich bestanden. Tipp: Siehe dazu auch Seite 22 f.

3. Präsentation: Recherchieren Sie im Internet über die Vossische Zeitung, die Geschichte und politische Ausrichtung des Blattes, seine Verleger und namhaften Mitarbeiter. Stellen Sie Ihre Ergebnisse in einem Kurzreferat vor.

---

[1] **reichsfiskalisch**: in der Zuständigkeit des Reiches (anstelle von Ländern oder Kommunen)

[2] Anspielung auf Kaiser Wilhelm II. (reg. 1888 bis 1918) und sein geflügeltes Wort von 1892: „Zu Großem sind wir noch bestimmt, und herrlichen Tagen führe ich Euch entgegen."

[3] **Budiker** (berlinerisch): Kneipen- oder Ladenbesitzer

M2 Der Verfassungstag als Ansichtssache?

Die SPD-Parteizeitung „Vorwärts" druckt zum Verfassungstag 1928 die folgende Karikatur. Darin äußert sich ein alter Mann mit Hakenkreuz auf dem Mantel: „Ich sage Ihnen, Frau Müller, von einer Anteilnahme des Volkes am Verfassungstag bemerke ich nicht das Mindeste!"

1. Beschreiben Sie die einzelnen Bildelemente und die dargestellte Szene.
2. Erläutern Sie die Position, die die Karikatur zum Verfassungstag, zu den damaligen Feiern und zur Aufnahme in der Bevölkerung vertritt. | F

M3 Eine „Verlegenheitslösung"

Der Rechtswissenschaftler Ralf Poscher (*1962) setzt sich mit den Unzulänglichkeiten des Verfassungstages in der Weimarer Republik auseinander:

Das spezifische Scheitern des Verfassungstags liegt nicht darin, dass sich für ihn keine Massen mobilisieren ließen. Der Verfassungstag ist vielmehr gescheitert, weil er das Fest einer Teilkultur der Weimarer Republik blieb, ein Fest-
5 tag wesentlich des republikanischen Blocks unter Führung von SPD und Reichsbanner. Selbst für dieses Lager hatte der Verfassungstag aber nicht nur den Charakter eines Feiertags, an dem man sich eines sicheren Bestands festlich vergewisserte. Er war den Republikanern auch eine De-
10 monstration für den Erhalt einer erkämpften, aber bedrohten Ordnung. Wo Nationalfeiern aber zu Demonstrationen im Kampf um die bestehende politische Ordnung geraten, ist ihre national integrierende Funktion bereits prekär. [...] Doch der Verfassungstag krankte nicht nur an dem Gegen-
15 stand des Symbols, sondern auch an dem Symbol selbst.

Zum einen fehlte es der historischen Situation der Verfassunggebung an der notwendigen positiven Konnotation. [...] Die Weimarer Reichsverfassung ist kein Dokument des Triumphs über äußere Feinde oder innere Unterdrückung. Sie ist Resultat einer militärischen Niederlage. Der Unter-
20 zeichnung der am Verfassungstag gefeierten Verfassung lag die Unterzeichnung des Versailler Vertrags, der in allen politischen Lagern als ungerechter Unterwerfungsvertrag betrachtet wurde, kaum einen Monat voraus. Auch im Weiteren hat die Geschichte
25 der Weimarer Republik keinen so glücklichen Verlauf genommen, dass die Verfassung positiv besetzt werden konnte, wie dies etwa für das Bonner Grundgesetz gelang. [...] Zum anderen wurde
30 schon in der zeitgenössischen Kritik immer wieder darauf hingewiesen, dass die Unterzeichnung der Verfassungsurkunde sich als administrativer Ausfertigungsakt nicht zur Symbolisierung eigne. Ihm fehle die Anschaulichkeit des großen Ereig-
35 nisses wie der Sturm auf die Bastille oder das große Bild, wie das der Reichsgründung im Spiegelsaal von Versailles[1]. [...]
Als Symbol sind Verfassungen zweite Wahl. Der Rückgriff auf die Verfassung als Gegenstand der nationalen Verehrung bietet sich in erster Linie
40 für Staaten an, die über kein unumstrittenes historisches Ereignis verfügen, an das sie ihren Gründungsmythos anknüpfen können. So lagen die Dinge jedenfalls in Weimar. Der Verfassungstag war eine Verlegenheitslösung.
[...] Träfen diese Überlegungen zu, dann wären Verfassun-
45 gen zwar kein unmöglicher Gegenstand eines Nationalfeiertags, doch könnte ihre Erhebung zum Symbol auf einen Mangel gesellschaftlich unumstrittener Gründungsereignisse deuten, auf ein prekäres Verhältnis einer Gesellschaft zu ihrer Geschichte und damit zu sich selbst, das auch durch
50 die „Verfassungsheiligung" nicht aufgefangen werden kann. Historische Verlegenheit ist eine ungünstige Voraussetzung für festliche Begeisterung.

Ralf Poscher, Verfassungsfeiern in verfassungsfeindlicher Zeit, in: Ders. (Hrsg.), Der Verfassungstag. Reden deutscher Gelehrter zur Feier der Weimarer Reichsverfassung, Baden-Baden 1999, S. 11–50, hier S. 19–21 (stark gekürzt)

1. Präsentation: Ordnen Sie die Faktoren, die den Verfassungstag nach Ansicht Poschers belasteten, in einer Mindmap. | F
2. Recherchieren Sie im Internet nach Ländern, in denen das Datum der Verfassunggebung als Gedenk- oder Feiertag gilt.
3. Überprüfen Sie Ihre Ergebnisse aus Aufgabe 2 daraufhin, ob Poschers Überlegungen in Zeile 38 bis 53 zutreffen.

_____

[1] Von der Kaiserproklamation in Versailles am 18. Januar 1871, die als Gründungsdatum des Deutschen Reiches gilt, entstand 1885 ein berühmtes Historiengemälde von Anton von Werner (1843–1915).

Der 27. Januar: Gedenken an die Opfer des Nationalsozialismus und des Holocaust

Auschwitz-Häftlinge nach der Befreiung durch sowjetische Truppen.
Foto vom 27. Januar 1945.

Heinrich Himmler (1900–1945): „Reichsführer SS"; ab 1936 zudem Chef der Deutschen Polizei; einer der Hauptverantwortlichen für den Holocaust und die zahlreichen Verbrechen der Waffen-SS; 1945 Selbstmord

Schutzstaffel (SS): 1925 gegründete Parteiformation zum persönlichen Schutz Hitlers, ab 1934 „selbstständige Organisation" der NSDAP mit polizeilicher Machtbefugnis

Geheime Staatspolizei (Gestapo): Die 1933 gegründete Organisation verfolgte politische Gegner des NS-Staates.

Was geschah am 27. Januar 1945? | Am 27. Januar 1945 wurden die Überlebenden des *Konzentrationslagers Auschwitz* durch Truppen der sowjetischen Armee befreit. Der riesige Lagerkomplex, den die Nationalsozialisten ab 1940 am Rande der in „Auschwitz" umbenannten polnischen Stadt Oświęcim und der umliegenden Region errichtet hatten, bestand aus dem größten Vernichtungslager Auschwitz-Birkenau, zwei weiteren Konzentrationslagern und vielen weiteren Außen- und Nebenlagern. In weniger als fünf Jahren wurden dort über eine Millionen Menschen gefoltert, gequält und ermordet.

Um der vorrückenden Roten Armee keine Spuren der Verbrechen zu hinterlassen, ließ Heinrich Himmler bereits ab Oktober 1944 die Krematorien und Gaskammern sprengen, Raubgut und Dokumente verbrennen oder abtransportieren. Mitte Januar 1945 begann die Schutzstaffel (SS) damit, das Lager Auschwitz zu räumen. Etwa 58 000 Häftlinge wurden auf Todesmärsche geschickt, bei denen die meisten durch Kälte, Hunger, Entkräftung oder die Schüsse der SS-Wachmannschaften ums Leben kamen. Etwa 9 000 kranke oder zu schwache Häftlinge blieben weitgehend auf sich gestellt in den Lagern zurück (→M1). Unter diesen richtete die SS noch in den letzten Tagen vor der Befreiung schreckliche Massaker an, bevor sie fluchtartig das Lager verließ.

In einer aus Dokumenten der SS, der Geheimen Staatspolizei (Gestapo), des Reichssicherheitshauptamts, aus Kommandanturbefehlen, Bunkerbüchern, Akten des Nürnberger Prozesses und anderen Quellen zusammengestellten Tageschronik der Ereignisse im KZ Auschwitz findet sich zur Ankunft der sowjetischen Armee am 27. Januar folgender Eintrag: *„Am Samstag gegen 9 Uhr erscheint auf dem Gelände des Häftlingskrankenbaus im Nebenlager Monowitz[1] der erste russische Soldat einer Aufklärungstruppe der 100. Infanteriedivision des 106. Korps. Eine halbe Stunde später kommt die ganze Abteilung an. Die Soldaten verteilen ihr Brot unter den Kranken. […] Um 15 Uhr treffen die ersten Aufklärungstrupps der Roten Armee in den Lagern Birkenau und Auschwitz ein und werden von den befreiten Häftlingen freudig begrüßt. Nach dem Entminen des umliegenden Geländes marschieren Soldaten der 60. Armee der 1. Ukrainischen Front unter dem Oberbefehl von Generaloberst Pawel Kuroczkin in das Lager ein und bringen den am Leben gebliebenen Häftlingen die Freiheit."*[2]

Der Anblick der zu Skeletten abgemagerten Menschen, der vielen herumliegenden Leichen der erschossenen und in den letzten Tagen verstorbenen Häftlinge sowie der katastrophalen Verhältnisse im Lager war selbst für die abgebrühtesten Soldaten kaum zu ertragen. Obwohl sofort erste Hilfsmaßnahmen eingeleitet und die Kranken medizinisch versorgt wurden, starben in den nächsten Wochen noch hunderte der über 7 000 befreiten Häftlinge an den Folgen der KZ-Haft.

---

[1] Das KZ Monowitz (Auschwitz III) war ein Arbeitslager im polnischen Ort Monowice auf dem Werksgelände der IG Farben AG und lag etwa sechs Kilometer östlich vom Stammlager Auschwitz I.

[2] Nach: Danuta Czech, Kalendarium der Ereignisse im Konzentrationslager Auschwitz-Birkenau 1939–1945, Reinbek bei Hamburg 1988, S. 993–995

74. Jahrestag der Befreiung von Auschwitz.
Foto vom 27. Januar 2019.
Die Aufnahme zeigt polnische Bürger, die am Gedenktag der Befreiung von Auschwitz ihre Nationalflagge durch das Eingangstor des ehemaligen Konzentrationslagers tragen.

Angela Merkel bei ihrer Rede in Auschwitz.
Foto vom 6. Dezember 2019.

Internettipp
Auf Einladung der 2009 gegründeten Stiftung Auschwitz-Birkenau besuchte Angela Merkel am 6. Dezember 2019 das ehemalige Konzentrationslager. In ihrer Rede betonte die Bundeskanzlerin, dass die Erinnerung an die Verbrechen wachzuhalten und das Gedenken an die Opfer zu bewahren sei sowie kein Antisemitismus in Deutschland und Europa geduldet wird. Den genauen Wortlaut der Rede Merkels können Sie unter dem Code **32205-09** nachlesen oder sich unter dem Code **32205-10** die Rede in einem Video ansehen.

Der 27. Januar – Karriere eines internationalen Gedenktages | Der 27. Januar spielte lange Zeit als „Tag der Befreiung" von Auschwitz im kulturellen und kommunikativen Gedächtnis[1] der Deutschen keine nennenswerte Rolle. In den Nachkriegsjahrzehnten wurde das Datum in der Bundesrepublik hin und wieder mit öffentlichen Gedenkveranstaltungen, in der DDR im Zuge der alljährlichen Befreiungsfeierlichkeiten zum Ende des Zweiten Weltkrieges gewürdigt. Den Status eines nationalen Gedenk- und Feiertages erhielt der 27. Januar jedoch nicht.

Durch die vielen offiziellen Gedenkveranstaltungen, die 1995 zum 50. Jahrestag des Kriegsendes in ganz Europa begangen wurden, stieß die Idee eines Gedenktages für die Opfer des NS-Regimes auf internationale Resonanz. Das Ende des *Ost-West-Konfliktes* 1989/91 hatte die Voraussetzungen für eine gemeinsame europäische Erinnerung geschaffen.

In Deutschland setzte sich besonders der damalige Vorsitzende des Zentralrates der Juden in Deutschland, *Ignatz Bubis* (1927–1999), für die Einführung eines solchen Gedenktages ein und schlug das „europäische" Datum des 27. Januar vor. So wie Auschwitz symbolhaft für die Massenvernichtung des europäischen Judentums steht, sollte der Tag der Befreiung dieses Lagers als Symbol für die nationalsozialistische Schreckensherrschaft über Europa gelten. Im Juni 1995 beschlossen die Bundestagsfraktionen, den 27. Januar zum nationalen Gedenktag, nicht aber zum arbeitsfreien Feiertag zu erheben. Am 3. Januar 1996 proklamierte Bundespräsident *Roman Herzog* (1934–2017) den 27. Januar offiziell als *„Tag des Gedenkens an die Opfer des Nationalsozialismus"* (→M2). Das Gedenken bezog er ausdrücklich auf alle, die der nationalsozialistischen Ideologie und Rassepolitik zum Opfer gefallen sind. Alljährlich wird seither im Bundestag mit der Rede des Bundespräsidenten und eines prominenten Zeitzeugen, in den Landtagen mit Sondersitzungen und in vielen Städten mit Gedenkveranstaltungen an das historische Geschehen gedacht.

---

[1] Vgl. dazu das Kernmodul „Geschichtsbewusstsein und Geschichtskultur" auf Seite 8 bis 13, vor allem Seite 13.

Auschwitz-Birkenau als Gedenkstätte.

Foto vom September 2013. Besucher der Gedenkstätte betrachten die Gleisanlagen, die zum ehemaligen Torhaus von Auschwitz-Birkenau führen. Das „Staatliche Museum Auschwitz-Birkenau" wurde bereits im Juli 1947 auf Beschluss des polnischen Parlaments gegründet. Seit 1979 zählt das ehemalige Konzentrationslager zum UNESCO-Weltkulturerbe. Im Jahre 2017 besuchten 2,1 Millionen Menschen die Gedenkstätte.

Mit der Holocaust-Konferenz in Stockholm, an der Vertreter von 47 Staaten teilnahmen, setzte im Jahr 2000 die internationale Karriere des 27. Januar ein. An die Forderung des Forums, einen jährlichen Gedenktag zur Erinnerung an den NS-Völkermord einzuführen, schloss sich wenig später das *Europäische Parlament* an. 2005 wurde der 27. Januar von der EU zum europäischen Gedenktag und im selben Jahr von den *Vereinten Nationen* zum globalen Gedenktag („*International Holocaust Remembrance Day*") erklärt (→ M3). Bis 2008 wurde in 34 Staaten ein Holocaust-Gedenktag eingeführt, davon in 21 Staaten am 27. Januar. Auch wenn sich Status und Gedenkpraxis von Land zu Land unterscheiden, ist es der am weitesten verbreitete Gedenktag der Welt.

Die Geschichte des 27. Januar ist ein Beispiel für Geschichtspolitik „von oben". Einführung und globale Ausweitung sind nicht unumstritten, zumal die verordnete Erinnerung oft auch dazu dient, aktuelle politische Entscheidungen zu legitimieren. Daher wird über die Wahl des Datums und die Art der Einführung diskutiert, darüber, für was der Gedenktag steht, an wen erinnert werden soll, welche Funktion ihm zukommt, wie das Gedenken gestaltet und für die Zukunft bewahrt werden kann (→ M4 – M6). Geschichts- und Erinnerungskultur hat deshalb stets gegenwärtige und künftige Interessen und politischen Ziele zu reflektieren.

Internettipp

Die englischsprachige Homepage der Gedenkstätte Auschwitz-Birkenau finden Sie unter dem Code **32205-11**.

M1 Der 27. Januar 1945 in Auschwitz

Unter den Kranken, die von der flüchtenden SS unter furchtbaren Bedingungen im Lagerkomplex Auschwitz zurückgelassen werden, befindet sich auch der an Scharlach erkrankte italienische Chemiker und Schriftsteller Primo Levi (1919–1987). In seinen zwischen Dezember 1945 und Januar 1947 niedergeschriebenen Erinnerungen notiert er, wie er den 27. Januar 1945 im Lager Monowitz nahe Auschwitz erlebt hat:

Wir liegen in einer Welt der Toten und Larven. Um uns und in uns war die letzte Spur von Zivilisation geschwunden. Das Werk der Vertierung, von den triumphierenden Deutschen begonnen,
5 war von den geschlagenen Deutschen vollbracht worden.

Mensch ist, wer tötet, Mensch ist, wer Unrecht zufügt oder erleidet; kein Mensch ist, wer jede Zurückhaltung verloren hat und sein Bett mit
10 einem Leichnam teilt. Und wer darauf gewartet hat, bis sein Nachbar mit Sterben zu Ende ist, damit er ihm ein Viertel Brot abnehmen kann, der ist, wenngleich ohne Schuld, vom Vorbild des denkenden Menschen weiter entfernt als der ro-
15 heste Pygmäe und der grausamste Sadist.

27. JANUAR. Morgengrauen. Auf dem Fußboden das schandbare Durcheinander verdorrter Glieder, das Ding Sómogyi[1].

Es gibt dringendere Arbeiten. Man kann sich nicht wa-
20 schen, wir können ihn nicht anfassen, bevor wir nicht gekocht und gegessen haben. Und dann „…rien de si dégoutant que les débordements[2]", wie Charles richtig meint; der Latrineneimer muss geleert werden. Die Lebenden stellen größere Ansprüche. Die Toten können warten. Wir
25 begaben uns an die Arbeit, wie jeden Tag.

Die Russen kamen, als Charles und ich Sómogyi ein kurzes Stück wegtrugen. Er war sehr leicht. Wir kippten die Bahre in den grauen Schnee.

Primo Levi, Ist das ein Mensch?, München/Wien 1991, S. 164f.

---

1. Beschreiben Sie, wie Levi die letzten Stunden vor der Befreiung erlebt.
2. Analysieren Sie Levis Sprache. Wie lässt sie sich erklären?
3. Ordnen Sie seinen Bericht einer Quellengattung zu.
4. Nehmen Sie Stellung zu Levis Ausführungen über das Menschsein.

---

[1] Ungarischer Mithäftling, der in der Nacht zuvor an einer schweren Infektionskrankheit gestorben ist.
[2] franz.: „nichts ist so abscheulich/ekelhaft wie die Überflutung [mit Fäkalien]"

„Marsch der Lebenden."
Foto (Ausschnitt) vom Mai 2019.
In der Bildmitte ist der 93-jährige Holocaust-Überlebende Edward Mosberg im ehemaligen Konzentrationslager Auschwitz-Birkenau zu sehen. Er trägt eine Thorarolle in seinen Händen.
Der seit 1988 stattfindende „Marsch der Lebenden" gedenkt den Opfern des Holocaust. Überlebende und spätere Generationen gehen dann Seite an Seite den Weg vom Konzentrationslager Auschwitz zum Vernichtungslager Birkenau. Für den drei Kilometer langen Erinnerungsmarsch können sich jüdische Schulen und Gemeinden anmelden. Die Teilnehmer kommen aus aller Welt, viele von ihnen sind zwischen 16 und 21 Jahre alt. Eine Woche lang reisen sie zu Orten des Holocaust in Polen. Während dieser Zeit findet auch der „Marsch der Lebenden" statt, bei dem die jungen Erwachsenen mit Zeitzeugen ins Gespräch kommen können. | F

M2 „Mahnung zum Erinnern"

Am 3. Januar 1996 proklamiert Bundespräsident Roman Herzog den 27. Januar zum „Tag des Gedenkens an die Opfer des Nationalsozialismus". In einer Ansprache im Deutschen Bundestag am 19. Januar 1996 in Bonn begründet er diesen Schritt:

Am 27. Januar 1945 wurde das Konzentrationslager Auschwitz befreit. Auschwitz steht symbolhaft für millionenfachen Mord – vor allem an Juden, aber auch an anderen Volksgruppen. Es steht für Brutalität und Unmenschlichkeit, für Verfolgung und Unterdrückung, für die in perverser 5 Perfektion organisierte „Vernichtung" von Menschen. […] Viele haben sich schuldig gemacht, aber die entscheidende

Aufgabe ist es heute, eine Wiederholung – wo und in welcher Form auch immer – zu verhindern. Dazu gehört bei-
10 des: die Kenntnis der Folgen von Rassismus und Totalitarismus und die Kenntnis der Anfänge, die oft im Kleinen, ja sogar im Banalen liegen können.

Im Großen ist das alles noch verhältnismäßig einfach. Wir Deutschen haben mehr als andere lernen müssen, dass das
15 absolut Unfassbare trotz allem geschehen kann. Die Erinnerung hat es uns aber auch erleichtert, daraus die Lehre zu ziehen, und am klarsten ist diese Lehre in Artikel 1 unseres Grundgesetzes formuliert: „Die Würde des Menschen ist unantastbar". Der Satz kennt keine Relativierung.
20 Unter dem Grundgesetz gibt es keine „wertvollen" und „wertlosen" Menschen, keine „Herrenmenschen" und „Untermenschen", keine Volks- und Klassenfeinde, kein „lebensunwertes" Leben. Unsere Verfassung enthält also alle rechtlichen Sicherungen gegen Totalitarismus und Rassis-
25 mus, mehr als jede andere Verfassung der Welt und darauf können wir stolz sein.

Aber den einzelnen Menschen kann man dagegen nicht nur mit Rechtsnormen immunisieren. Dazu bedarf es zusätzlicher Anstrengungen, gerade bei denen, die das
30 große Verbrechen nicht mehr selbst erlebt haben und denen auch nicht mehr durch Zeitzeugen Erlebtes vermittelt werden kann.

Das war der Grund dafür, dass ich vor zwei Wochen den 27. Januar, den Tag der Befreiung von Auschwitz, mit
35 Zustimmung aller Parteien zum Tag des Gedenkens an die Opfer des Nationalsozialismus erklärt habe. [...] Der 27. Januar soll dem Gedenken an die Opfer der Ideologie vom „nordischen Herrenmenschen" und von den „Untermenschen" und ihrem fehlenden Existenzrecht dienen. Die
40 Wahl des Datums zeigt das unmissverständlich. [...]

Ich wünsche mir, dass der 27. Januar zu einem Gedenktag des deutschen Volkes, zu einem wirklichen Tag des Gedenkens, ja des Nachdenkens wird. Nur so vermeiden wir, dass er Alibi-Wirkungen entfaltet, um die es uns am allerwe-
45 nigsten gehen darf. Eine Kollektivschuld des deutschen Volkes an den Verbrechen des Nationalsozialismus können wir, wie ich schon sagte, nicht anerkennen; ein solches Eingeständnis würde zumindest denen nicht gerecht, die Leben, Freiheit und Gesundheit im Kampf gegen den Nati-
50 onalsozialismus und im Einsatz für seine Opfer aufs Spiel gesetzt haben und deren Vermächtnis der Staat ist, in dem wir heute leben.

Aber eine kollektive Verantwortung gibt es, und wir haben sie stets bejaht. Sie geht in zwei Richtungen:
55 • Zunächst darf das Erinnern nicht aufhören; denn ohne Erinnerung gibt es weder Überwindung des Bösen noch Lehren für die Zukunft.
• Und zum andern zielt die kollektive Verantwortung genau auf die Verwirklichung dieser Lehren, die immer
60 wieder auf dasselbe hinauslaufen: Demokratie, Rechtsstaat, Menschenrechte, Würde des Menschen. [...]
Deshalb meine Mahnung zum Erinnern und zur Weiter-

gabe der Erinnerung. Nicht nur am 27. Januar. Aber vielleicht kann dieser Gedenktag uns dabei helfen.

Ansprache von Bundespräsident Roman Herzog zum Gedenktag für die Opfer des Nationalsozialismus im Deutschen Bundestag am 19. Januar 1996; Nach: www.bundespraesident.de/SharedDocs/Reden/DE/Roman-Herzog/ Reden/1996/01/19960119_Rede.html (Zugriff: 26. November 2019)

1. Fassen Sie die Gründe zusammen, die Roman Herzog für die Einführung des Gedenktages nennt.
2. Erläutern Sie, welche Funktion die Erinnerung erfüllen soll.
3. Nehmen Sie Stellung zu den Begriffen „Schuld" und „Verantwortung". | H
4. Beurteilen Sie, ob die Ziele, die Herzog mit der Einführung des Gedenktages verfolgte, erreicht worden sind. Erklären Sie seine Absicht, damit „Alibi-Wirkungen" vermeiden zu wollen.
5. Entwickeln Sie weitere „Gedenkstrategien" zur Erreichung dieser Ziele.

M3 Internationales Gedenken an den Holocaust

Am 1. November 2005 erklärt die Generalversammlung der Vereinten Nationen (United Nations Organization, UNO) den 27. Januar zum „Internationalen Tag des Gedenkens an die Opfer des Holocaust" („International Holocaust Remembrance Day") und nimmt folgende Resolution an:

Die Generalversammlung,
in Bekräftigung der Allgemeinen Erklärung der Menschenrechte, in der verkündet wird, dass jeder Anspruch auf alle darin genannten Rechte und Freiheiten hat, ohne irgendeinen Unterschied, etwa nach Rasse, Religion oder sonsti- 5 gem Stand,
unter Hinweis auf Artikel 3 der Allgemeinen Erklärung der Menschenrechte, in dem es heißt, dass jeder das Recht auf Leben, Freiheit und Sicherheit der Person hat, [...]
eingedenk dessen, dass das Gründungsprinzip der Charta 10 der Vereinten Nationen, „die kommenden Generationen vor der Geißel des Krieges zu bewahren", die unauflösliche Verbindung bezeugt, die zwischen den Vereinten Nationen und der beispiellosen Tragödie des Zweiten Weltkriegs besteht,
unter Hinweis auf die Konvention über die Verhütung und 15 Bestrafung des Völkermordes, die verabschiedet wurde, um zu verhindern, dass es je wieder zu Völkermorden kommt, wie sie vom Nazi-Regime begangen wurden, [...]
in Würdigung des Mutes und der Einsatzbereitschaft der Soldaten, die die Konzentrationslager befreiten, 20
erneut erklärend, dass der Holocaust, bei dem ein Drittel des jüdischen Volkes sowie zahllose Angehörige anderer Minderheiten ermordet wurden, auf alle Zeiten allen Menschen als Warnung vor den Gefahren von Hass, Intoleranz, Rassismus und Vorurteil dienen wird, 25

1. beschließt, dass die Vereinten Nationen den 27. Januar eines jeden Jahres zum Internationalen Tag des Gedenkens an die Opfer des Holocaust erklären werden;

2. fordert die Mitgliedstaaten nachdrücklich auf, Erzie-
30 hungsprogramme zu erarbeiten, die die Lehren des Holocaust im Bewusstsein künftiger Generationen verankern werden, um verhindern zu helfen, dass es in der Zukunft wieder zu Völkermordhandlungen kommt [...];

3. weist jede vollständige oder teilweise Leugnung des
35 Holocaust als eines geschichtlichen Ereignisses zurück;

4. lobt die Staaten, die sich aktiv um die Erhaltung der von den Nazis während des Holocaust als Todeslager, Konzentrationslager, Zwangsarbeitslager und Gefängnisse genutzten Stätten bemüht haben;

40 *5. verurteilt* vorbehaltlos alle Manifestationen von religiöser Intoleranz, Verhetzung, Belästigung oder Gewalt gegenüber Personen oder Gemeinschaften aufgrund ihrer ethnischen Herkunft oder religiösen Überzeugung, gleichviel wo sie sich ereignen;

45 *6. ersucht* den Generalsekretär, als Beitrag zur Verhinderung künftiger Völkermordhandlungen ein Informationsprogramm zum Thema „Der Holocaust und die Vereinten Nationen" aufzustellen und Maßnahmen zur Mobilisierung der Zivilgesellschaft für das Gedenken an den Holocaust
50 und die Holocausterziehung zu ergreifen [...].

Nach: www.europa.clio-online.de/quelle/id/q63-28444 (Zugriff: 26. November 2019)

---

1. Beschreiben Sie die Gründe für die Erklärung des internationalen Holocaust-Gedenktages.

2. Arbeiten Sie Aufgaben und Selbstverständnis der UNO heraus.

3. Bei der Verabschiedung der Resolution bezeichnete UNO-Generalsekretär Kofi Annan den Gedenktag als „eine wichtige Mahnung an die universelle Lektion des Holocaust". Erläutern Sie, welche Lektion damit gemeint ist.

4. Beurteilen Sie folgende These: Wenn der 27. Januar zum internationalen Gedenktag erhoben und damit auf die ganze Welt ausgedehnt wird, bedeutet dies nicht zugleich eine Entlastung für die Deutschen?

M4 Offizielle Erinnerung kontra Familiengedächtnis

Die Kulturwissenschaftlerin Aleida Assmann (siehe Seite 13), die sich insbesondere mit den Themen Gedächtnis und Erinnerung beschäftigt, schreibt 2010 zum Holocaust-Gedenktag:

Der 27. Januar, der inzwischen Teil einer transnationalen Erinnerungskultur geworden ist, ist also selbst kein Datum, das in der Erfahrung der deutschen Bevölkerung verankert ist. Überhaupt kommt weder den nationalsozia-
listischen Verbrechen noch dem Holocaust im deutschen 5 Familiengedächtnis eine bedeutende Rolle zu. Aus *oral history*-Studien, die die Tradierung der NS-Zeit und des Holocaust in deutschen Familien untersucht haben, wissen wir, dass sich ein Hiat [eine Kluft] auftut zwischen dem offiziellen Geschichtswissen, das inzwischen in den Schu- 10 len vermittelt wird, und den Erinnerungen, die in der Familie tradiert werden. Während die Themen Nationalsozialismus und Holocaust im Geschichtsunterricht eine zentrale Rolle spielen, kreist die Familienerinnerung weitgehend um Themen wie Bombenkrieg, Hunger, Flucht und 15 Vertreibung, die ihrerseits in der Schule (noch) keinen Platz haben. [...]

Während sich die Holocaust-Erinnerungsgemeinschaft geografisch ständig erweiterte, wurde sie zugleich inhaltlich beschränkt. Diejenigen, die sich erinnern, werden im- 20 mer mehr, diejenigen, die erinnert werden, werden dagegen weniger. Roman Herzog hatte ausdrücklich alle Opfer nationalsozialistischer Vernichtungspolitik ins Bewusstsein der Deutschen heben wollen. Von den Opfergruppen der Sinti und Roma, der Homosexuellen und den 25 Opfern der Euthanasie ist im Zuge der Ausweitung der Holocaust-Erinnerung jedoch keine Rede mehr. Es geht immer ausschließlicher um die jüdischen Opfer, von deren kultureller Erinnerungspraxis das Holocaust-Gedenken stark geprägt ist. 30

[...] Auf der Seite der sich ausweitenden Erinnerungsgemeinschaft gibt es eine paradoxe Leerstelle: Die Nation der Helden des 27. Januar, die Nachfahren der Roten Armee und somit der Befreier von Auschwitz, haben selbst keinen Anteil an diesem Gedenken. 35

Aleida Assmann, 27. Januar 1945: Genese und Geltung eines neuen Gedenktags, in: Etienne François und Uwe Puschner (Hrsg.), Erinnerungstage. Wendepunkte der Geschichte von der Antike bis zur Gegenwart, München 2010, S. 323 und 332

---

1. Geben Sie wieder, warum der 27. Januar laut Assmann nicht in das kommunikative Gedächtnis der Deutschen eingedrungen ist.

2. Erläutern Sie, welche Probleme die internationale Ausbreitung des Gedenktages mit sich bringt.

3. Erörtern Sie an Beispielen die Aussage, dass das Holocaust-Gedenken stark von den jüdischen Opfern geprägt ist.

M5 „Schafft diesen Gedenktag wieder ab!"

Der Soziologe Y. Michal Bodemann (*1944), Mitglied der Jüdischen Gemeinde zu Berlin, verfasst am 26. Januar 1999 folgenden Kommentar in der Tageszeitung „taz":

Der 27. Januar, der Tag der Befreiung von Auschwitz, ist seit 1995 der offizielle deutsche Gedenktag. Und niemand merkt es. Es könnte alles so schön werden: erst ein ordentlicher Gedenktag für die Opfer, dazu das für den ausländi-
5 schen Besucher eindrucksvolle Eisenman-Mahnmal[1]. [...] Er scheint als Gedenktag für alle Nazi-Opfer weniger kontrovers: Der 27. Januar erinnert an die Befreiung von Auschwitz durch die Rote Armee 1945. Doch zu diesem Zeitpunkt war das KZ nur noch ein Schatten. In den Wo-
10 chen zuvor hatte sich die Mordmaschinerie verlangsamt, zehn Tage zuvor wurde Auschwitz evakuiert, über 130 000 Häftlinge wurden auf Transporte und Todesmärsche geschickt, und nur ein elendes Überbleibsel von knapp 8 000 Insassen wurde am 27. Januar befreit.
15 Warum wurde dieser Tag gewählt? Warum keiner der historisch und national bedeutsamen Tage? Warum nicht der 30. Januar 1933, als die Deutschen Hitler zujubelten? Warum nicht der 10. November 1938, der zentrale Tag der Novemberpogrome, als viele Deutsche zusahen und viele
20 mitmachten? Warum nicht der 1. September 1939, der Beginn des Zweiten Weltkrieges? Oder der 20. Januar 1942, der Tag der Wannseekonferenz? Oder der 8. Mai, der Tag nicht der Befreiung eines einzelnen KZ, sondern der Befreiung Eu-
25 ropas insgesamt? [...] Der 27. Januar ist ein fernes, konstruiertes Datum, ohne deutsche Erinnerung, in einem anderen Land und ohne deutsche Akteure, denn selbst die SS-Wachmannschaften waren damals bereits verschwunden.
30 Für die Verfolgtenseite mag dieser Tag ein Symbol der Befreiung sein, es waren ihre Angehörigen, die nun das Ende dieses Schreckens vor sich sahen. In Deutschland stand hinter der Entscheidung für diesen Tag offenbar die wohlmeinende, doch naive und beschönigende Idee, in
35 Solidarität mit der Opferseite an das Ende des Mordens zu erinnern. Dadurch, dass der Befreiung von Auschwitz statt seiner Errichtung gedacht wird, stellt sich Deutschland an die Seite der Opfer und der Siegermächte – ein Anspruch, der Deutschen nicht zusteht. Der 27. Januar suggeriert
40 darüber hinaus ein „Ende gut, alles gut". Ein Tag der Erinnerung für Deutsche soll er sein, doch tatsächlich ist es ein Tag der Zubetonierung von Erinnerung, ein Tag, der den historischen Schlussstrich signalisiert.

Wir könnten nun pragmatisch argumentieren: Solange dieser Tag engagiert begangen wird, wäre es ja gut; zumin- 45 dest besser als gar nichts. Doch der 27. Januar ist eben gerade nicht angenommen worden, er ist ein Tag ohne deutsche Erinnerung geblieben. Die obligatorischen Reden werden zwar gehalten, doch schon bei seiner Einführung 1996 wurden die Feiern im Bundestag um einige Tage 50 vorverlegt, weil es den Abgeordneten so wegen der Urlaubzeit besser passte. Auch 1998 waren die Gedenkfeierlichkeiten Pflichtübungen, die in der Mahnmaldebatte untergingen: Über diesen Tag gab es wenig zu sagen, da kam die Mahnmaldebatte gerade recht. [...] 55

Y. Michal Bodemann, 27. Januar: Schafft diesen Gedenktag wieder ab!, in: taz vom 26. Januar 1999

---

1. Fassen Sie die Aussagen Bodemanns mit eigenen Worten zusammen.
2. Vergleichen Sie seine Einschätzung mit den Absichten, die Roman Herzog und die Vereinten Nationen (M2 und M3) zur Einführung des Gedenktages formuliert haben.
3. Der Politikwissenschaftler Harald Schmid bezeichnet die Etablierungsgeschichte des 27. Januar – wie auch die des 3. Oktober – als ein Beispiel für etatistische, also vom Staat verordnete, Geschichtspolitik. Beurteilen Sie diese Aussage.
4. Präsentation: Verfassen Sie eine Gedenkrede zum 27. Januar, in der Sie auch Stellung zu den in M4 und M5 genannten Kritikpunkten nehmen. | H

---

[1] Damit ist das von dem US-amerikanischen Architekten Peter Eisenman entworfene Denkmal für die ermordeten Juden Europas in Berlin gemeint. Der Einweihung des Denkmals im Mai 2005 ging eine über 15 Jahre dauernde Planungs- und Vorbereitungsphase voraus, die in Politik und Presse kontrovers diskutiert wurde.

M6 „Die Zukunft liegt in Ihren Händen"

Die Holocaust-Überlebende Anita Lasker-Wallfisch (*1925) hält am 31. Januar 2018 eine Rede in Berlin zum Jahrestag der Befreiung des Konzentrationslagers Auschwitz:

Es gibt schlechthin keinen Genozid, der so umfassend dokumentiert ist wie der Holocaust. Stundenlange Interviews wurden mit Überlebenden gemacht. Man kann unzählige Berichte lesen, wenn man will. Und trotzdem gibt es Leugner, Menschen, die behaupten, dass das alles erfunden ist. 5 Man schickt sogar jemanden nach Birkenau, der an den Wänden der gesprengten Gaskammern herumkratzt, um zu beweisen, dass das, was man sich erzählt, ganz einfach nicht wahr ist. Die Realität ist anders. Im Januar vor 73 Jahren wurde Auschwitz befreit, und die unvorstellbarsten 10 Verbrechen an unschuldigen Menschen kamen langsam in die Öffentlichkeit. Das Ausmaß der Katastrophe war gar nicht zu fassen. [...] Im Jahre 2000 fand die internationale Konferenz in Stockholm statt – und der Beschluss, den 27. Januar zum offi- 15 ziellen Gedenktag zu ernennen und den Holocaust als Pflichtfach in Schulen einzuführen. Die Stimmung war voller Hoffnung auf eine bessere Zukunft.

20 Inzwischen sind über 70 Jahre vergangen, die Generation der Täter gibt es nicht mehr. Man kann es eigentlich der heutigen Jugend nicht verübeln, dass sie sich nicht mit den Verbrechen identifizieren will. Aber leugnen, dass auch das zur deutschen Vergangenheit gehört, darf nicht sein. (*Beifall*)

25 Noch mehr zur Sache kann gar nicht sein. Worunter soll ein Schlussstrich gezogen sein? Was geschehen ist, ist geschehen und kann nicht mit einem Strich ausgelöscht werden. Es handelt sich auch gar nicht um Schuldgefühle – die sind vollkommen fehl am Platz –; es handelt sich jetzt 30 um die Sicherheit, dass so etwas nie, aber auch nie wieder hier geschehen kann. (*Beifall*) […]

Was den wieder aufblühenden Antisemitismus betrifft: Fragen Sie sich: Wer sind eigentlich diese Juden? Warum findet man sie überall? Vielleicht, weil sie vor zweitausend 35 Jahren aus ihrer Heimat in alle Welt vertrieben wurden und immer wieder irgendeinen Platz gesucht haben, wo sie hofften in Frieden leben zu können, nicht ermordet zu werden. Juden sind kein Sammelbegriff, ganz einfach Menschen, zugegeben mit einer sehr ungewöhnlichen Ge- 40 schichte, immer wieder Prügelknaben – verfolgt, ermordet und verleumdet.

Auf der positiven Seite ist, dass am 18. dieses Monats hier in diesem Hause einstimmig eine Resolution angenommen wurde, dass Antisemitismus entschlossen bekämpft wer- 45 den muss.[1] Man kann nur hoffen, dass Sie den Kampf gewinnen. Die Zukunft liegt in Ihren Händen.

Vor acht Jahren hat Schimon Peres, der damalige Präsident von Israel, hier eine Rede gehalten und gesagt: Während es sein Herz zerreißt, wenn er an die Gräueltaten der 50 Vergangenheit denkt, blicken seine Augen in eine Welt von jungen Menschen, in der es keinen Platz für Hass gibt, eine Welt, in der Krieg und Antisemitismus nicht mehr existieren. – Utopia?

Endlose Schwierigkeiten waren zu überwinden, bevor wir 55 beide Deutschland verlassen konnten – fast ein ganzes Jahr. Ich hatte geschworen, nie wieder meine Füße auf deutschen Boden zu setzen. Mein Hass auf alles, was deutsch war, war grenzenlos. Wie Sie sehen, bin ich eidbrüchig geworden – schon vor vielen, vielen Jahren –, und 60 ich bereue es nicht. Hass ist ganz einfach ein Gift, und letzten Endes vergiftet man sich selbst. (*Beifall*)

Ich verabschiede mich jetzt von Ihnen mit Dank für diese Einladung und Anerkennung für die Würde und Offenheit, mit der Sie jedes Jahr diesen Gedenktag begehen. 65 Thank you. (*Langanhaltender Beifall – Die Anwesenden erheben sich*)

Nach: www.bundestag.de/dokumente/textarchiv/2018/kw05-nachbericht-gedenkstunde-rede-wallfisch-541710 (Zugriff: 26. November 2019)

---

[1] Am 18. Januar 2018 beschloss der Bundestag, den Antisemitismus entschlossen zu bekämpfen und das Amt eines Antisemitismusbeauftragten zu schaffen.

Anita Lasker-Wallfisch spricht im Deutschen Bundestag.
Foto vom 31. Januar 2018, Berlin.

1. Präsentation: Recherchieren Sie zum biografischen Hintergrund von Anita Lasker-Wallfisch und stellen Sie Ihre Ergebnisse in einem Kurzreferat vor.

2. Geben Sie die Kernaussagen des Redeauszuges wieder.

3. Charakterisieren Sie die Rede. Gehen Sie dabei auf folgende Gesichtspunkte ein: Argumentation, Sprach- und Wortwahl, Stil, Umgangs- oder Hochsprache. | F

4. An einer anderen Stelle der Rede sagt Anita Lasker-Wallfisch: „Juden werden kritisiert, dass sie sich damals nicht verteidigt haben, was nur bestätigt, wie unmöglich es ist, sich in unsere damalige Lage hineinzuversetzen. Und dann werden Juden kritisiert, wenn sie sich verteidigen. Was für ein Skandal, dass jüdische Schulen und sogar jüdische Kindergärten polizeilich bewacht werden müssen! […] Man muss sich wirklich fragen: Warum?". Nehmen Sie zu der Aussage Stellung.

Internettipp
Einen Bericht vom Auslandsrundfunk der Bundesrepublik Deutschland über die Rede von Anita Lasker-Wallfisch können Sie sich auf YouTube unter dem Code **32205-12** ansehen.

Der 3. Oktober: Tag der Deutschen Einheit

Geteiltes Gedenken | Die Teilung Deutschlands nach dem Zweiten Weltkrieg prägte auch das staatliche Gedenken. In der DDR wurde der *7. Oktober* als Staatsfeiertag („Tag der Republik") begangen, zur Feier der Staatsgründung von 1949. Dagegen erhob die Bundesrepublik den *17. Juni* zum staatlichen Feiertag, zum Gedenken an den Arbeiter- und Volksaufstand in der DDR von 1953. Damals hatten Proteste und Streiks gegen die drastische Anhebung der Arbeitsnormen zu einer landesweiten Erhebung geführt, die schließlich auch für freie Wahlen und eine Vereinigung mit Westdeutschland eingetreten war. Der Aufstand wurde durch das Regime der *SED* mit Unterstützung der Sowjetunion blutig beendet. Als „Tag der deutschen Einheit" sollte der 17. Juni die Westdeutschen seitdem daran erinnern, dass die Menschen im anderen Teil Deutschlands in Unfreiheit lebten. In der DDR blieb das öffentliche Gedenken an den 17. Juni verboten.

Seit den 1970er-Jahren hatten sich die Deutschen in Ost und West mehrheitlich mit der Teilung abgefunden. Der 17. Juni wurde in der Bundesrepublik zwar weiterhin begangen, allerdings eher als inhaltsleeres Ritual, da eine deutsche Einheit kaum noch erreichbar schien.

Wende in der DDR | 1989 feierte die DDR ihr 40-jähriges Bestehen. Die offiziellen Feiern im Herbst wurden von wachsenden Protesten überschattet – Bürgerinnen und Bürger der DDR demonstrierten gegen die schlechte Versorgungslage, gegen Wahlbetrug und die staatliche Überwachung und Bevormundung. Auf die Massenproteste reagierte das SED-Regime mit einem Wechsel an der Staatsspitze, der jedoch keine Entlastung brachte. Als weiteres Zugeständnis hob die Regierung die bestehenden Reisebeschränkungen in den Westen auf. Am Abend des 9. November, als diese Maßnahme verkündet wurde, fielen auf einmal die Grenzkontrollen zwischen Ost- und West-Berlin. Der *Fall der Berliner Mauer* läutete das Ende der kommunistischen Zwangsherrschaft ein. Die SED gab ihren alleinigen Führungsanspruch im Staat auf. Ähnlich wie zur gleichen Zeit in Polen, Ungarn und anderen Ländern des Ostblocks hatten gewaltlose Bürgerproteste die Diktatur überwunden.

Freiheit und Einigkeit | Die *friedliche Revolution* in der DDR zielte anfangs auf Reformen und eine Demokratisierung des Landes nach westlich-liberalen Grundsätzen (Motto: „Wir sind das Volk"). Während die noch amtierende SED-Regierung sowie viele Bürgerrechtler wünschten, die DDR als eigenen Staat zu erhalten, forderten immer mehr Menschen die Vereinigung mit der Bundesrepublik (Motto: „Wir sind *ein* Volk"). Bei den ersten freien Wahlen zur DDR-Volkskammer im März 1990 gab es eine deutliche Mehrheit für Parteien, die die deutsche Einheit anstrebten. Gemäß diesem Mandat verhandelten die neue DDR-Regierung unter Ministerpräsident Lothar de Maizière und die Bundesregierung unter Kanzler Helmut Kohl über eine mögliche Vereinigung beider Staaten. Dieser Prozess sollte auch einem drohenden wirtschaftlichen Zusammenbruch der DDR zuvorkommen.

Auf dem Weg zur Einheit | Im Juli 1990 trat eine *Wirtschafts-, Währungs- und Sozialunion* zwischen beiden deutschen Staaten in Kraft. Für eine politische Vereinigung sollte die DDR der Bundesrepublik gemäß Artikel 23 des Grundgesetzes beitreten. Dieser Schritt wurde angesichts des dramatischen Verfalls der DDR-Wirtschaft immer dringender. Die Bedingungen des Beitritts berieten Ost-Berlin und Bonn im *Einigungsvertrag*. Die beiden deutschen Regierungen verhandelten auch mit den vier Siegermächten des Zweiten Weltkrieges, den USA, der Sowjetunion, Großbritannien und Frankreich, die weiterhin Hoheitsrechte über Gesamtdeutschland besaßen (sogenannte *Zwei-plus-Vier-Gespräche*).

Ostblock: Sammelbezeichnung für die kommunistisch regierten Länder in Ost- und Mitteleuropa, die bis Ende der 1980er-Jahre dem Machtbereich der UdSSR angehörten.

Lothar de Maizière (*1940): deutscher Politiker, von November 1989 bis Oktober 1990 Vorsitzender der CDU der DDR, von April bis Oktober 1990 letzter Ministerpräsident der DDR

Helmut Kohl (1930 – 2017): 1969–1976 Ministerpräsident von Rheinland-Pfalz, 1973 –1998 Bundesvorsitzender der CDU, 1982 –1998 Bundeskanzler

Am 23. August 1990 entschied die Volkskammer der DDR, wann der Beitritt der fünf ostdeutschen Länder Brandenburg, Mecklenburg-Vorpommern, Sachsen, Sachsen-Anhalt, Thüringen sowie Ost-Berlins zur Bundesrepublik stattfinden sollte. Eine große Mehrheit stimmte für den 3. Oktober 1990. Den Ausschlag für dieses Datum gaben letztlich Terminfragen. Geplant war ein möglichst rascher Beitritt. Zuvor aber war der Einigungsvertrag abzuschließen (unterzeichnet am 31. August), ebenso der Zwei-plus-Vier-Vertrag, der am 12. September vereinbart und am 1. Oktober der internationalen Staatengemeinschaft in Gestalt der KSZE präsentiert wurde. Überdies wollte die Volkskammer einen nochmaligen Jahrestag der DDR (am 7. Oktober 1990) vermeiden. Im Einigungsvertrag wurde der Beitrittstermin *3. Oktober* auch als neuer nationaler Feiertag („*Tag der Deutschen Einheit*") festgeschrieben.[1] Der 17. Juni galt seither nur noch als Gedenktag.

Ein neues Datum | Die Entscheidung für den 3. Oktober als Nationalfeiertag fand auf Regierungsebene statt. Dagegen blieb die öffentliche Diskussion über ein künftiges Feiertagsdatum weitgehend unberücksichtigt (→M1). Mit dem 3. Oktober wurde ein „neutraler" Feiertag gewählt, der bis dahin weder in der alten Bundesrepublik noch in der DDR existiert hatte. Es war der Tag des Inkrafttretens der deutschen Einheit, „der Geburtstag des vereinigten Deutschland", wie es der ostdeutsche Theologe und SPD-Politiker *Richard Schröder* später beschrieb. Von nun an galt das Grundgesetz mit seiner freiheitlich-demokratischen Ordnung für alle Deutschen. Der neue Feiertag war daher auch Ausdruck eines Verfassungspatriotismus.

In der Nacht vom 2. auf den 3. Oktober 1990 fand die Einheitsfeier in Berlin statt, der Hauptstadt des vereinten Deutschland (→M2). Seither werden die zentralen Feierlichkeiten zum Tag der Einheit jedes Jahr an wechselnden Orten abgehalten. Ausrichter ist jeweils das Bundesland, das den Vorsitz im Bundesrat führt. Mit dieser Regelung sollen die Vielfalt und Gleichberechtigung aller Landesteile betont werden.

Feiern mit Augenmaß | Am 3. Oktober soll nicht Deutschlands Macht und Stärke demonstriert werden, sondern seine Friedfertigkeit. Bewusst wird auf Militärparaden und Masseninszenierungen verzichtet, wie sie für den Nationalsozialismus und die SED-Diktatur kennzeichnend waren. Die Hauptstadt des veranstaltenden Bundeslandes[2] richtet ein großes Bürgerfest („Deutschlandfest") aus. Auf Messeständen stellen sich sämtliche Bundesländer und Verfassungsorgane vor (→M3).

Der Feiertag steht auch im Zeichen des Gedenkens. Im Rahmen der zentralen Festveranstaltung findet ein ökumenischer Gottesdienst statt, und die Repräsentanten des Staates halten Gedenkreden.[3] Darin ging es bislang stets um das Bekenntnis zu Frieden und Partnerschaft mit Deutschlands Nachbarn, die die Einheit möglich machten. Zum Stand der „inneren Einheit" wird Zwischenbilanz gezogen (Was wurde bis heute erreicht? Was ist noch zu leisten?). Ebenso erfolgen Mahnungen an die deutsche Vergangenheit, die inzwischen gemeinsam aufgearbeitet werden kann.

| Einigungsvertrag („Vertrag über die Herstellung der Einheit Deutschlands"): zentrales Abkommen zur politischen und rechtlichen Vereinigung von DDR und alter Bundesrepublik, trat im Oktober 1990 in Kraft

Zwei-plus-Vier-Vertrag („Vertrag über die abschließende Regelung in Bezug auf Deutschland"): völkerrechtlicher Vertrag vom September 1990, benannt nach den sechs Vertragsparteien. Er legte u. a. Deutschlands endgültige Grenzen fest und übertrug ihm die volle Souveränität.

KSZE: Konferenz über Sicherheit und Zusammenarbeit in Europa, die seit Anfang der 1970er-Jahre in loser Folge zusammentrat. Im Oktober 1990 tagten die Außenminister der damals 35 Teilnehmerstaaten in New York, um u. a. den Zwei-plus-Vier-Vertrag zur Kenntnis zu nehmen.

Verfassungspatriotismus: von dem Politikwissenschaftler Dolf Sternberger und dem Soziologen Jürgen Habermas entwickeltes Konzept. Demnach kann sich ein Staatsvolk über die eigene Demokratie und Rechtsstaatlichkeit definieren (statt über gemeinsame Abstammung oder Sprache).

Verfassungsorgane: im Grundgesetz festgelegte Organe der Staatsgewalt, namentlich Bundestag (Parlament), Bundesrat (Vertretung der Länder), Bundesregierung, Bundespräsident, Bundesverfassungsgericht und Bundesversammlung

Offizielles Plakat zum Tag der Deutschen Einheit von 2014. Jedes Jahr steht der Tag der Deutschen Einheit unter einem neuen Motto, hier: „Vereint in Vielfalt".

▶ Interpretieren Sie Bild und Text des Plakates.

▶ Präsentation: Formulieren Sie ein mögliches Motto für den Tag der Deutschen Einheit und stellen Sie es in der Klasse vor. Begründen Sie Ihre Wahl.

_____

[1] Siehe auch das Kapitel „Geschichte kontrovers" auf Seite 60 f.
[2] Abweichend davon wurden die Einheitsfeiern 2011 in Bonn (statt in der Landeshauptstadt Düsseldorf) und 2015 in Frankfurt am Main (statt in Wiesbaden) veranstaltet.
[3] Zur Rede des damaligen Bundespräsidenten Joachim Gauck am 3. Oktober 2015 siehe Seite 59.

M1 Vorschläge zum künftigen Nationalfeiertag

Im Sommer 1990 steht die deutsche Einheit noch bevor. Die Wochenzeitung „Die Zeit" befragt damals Vertreter aus Politik, Wissenschaft, Kunst und Medien, welche nationalen Symbole für das vereinte Deutschland geeignet scheinen. Zur Frage des Nationalfeiertages gibt es verschiedene Stellungnahmen. Am 15. Juni ist in der Zeitung u. a. zu lesen:

Peter Bender *Publizist* [...]
Unser Nationalfeiertag sollte der „Tag der deutschen Einheit" am 17. Juni sein. Die ihn begründeten, dürfen ihn nun mitfeiern. Und was ihn bisher beschwerte – ein Tag
5 des Scheiterns, nicht des Sieges – ist nun aufgehoben durch den zweiten Aufstand, der den Sieg über die Diktatur brachte und die Einheit ermöglichte. [...]

Alfred Grosser *Politologe* [...]
Der 23. Mai[1] ist zu sehr auf die aus der Teilung entstandene
10 Bundesrepublik bezogen. Der 17. Juni ist schon längst zum Ferientag geworden und symbolisiert erstens ein Scheitern, zweitens eine deutsch-sowjetische Repression gegen andere Deutsche. Der 9. November ist nur tragbar, wenn zugleich der 9. November 1938[2] in Trauer erwähnt wird. Aber es
15 wäre kein unrichtiges Datum. Warum aber nicht von vorne anfangen und den Tag nehmen, an dem zum ersten Mal das neue gesamtdeutsche Parlament tagen wird? [...]

Wolf Jobst Siedler *Verleger* [...]
Wenn es einen Nationalfeiertag geben muss, und es
20 scheint, dass ein Land nicht ohne ihn auskommt, so wird der Tag der Schaffung eines geeinten neuen Deutschlands wahrscheinlich das angemessene Datum sein. [...] Wäre das Dritte Reich durch eine Erhebung von unten gestürzt worden, so würde dies ein legitimer Feiertag gewesen sein,
25 aber nun läuft es eigentlich so oder so auf ein Datum hinaus, das nicht im Bewusstsein und im Gefühl der Deutschen verwurzelt ist.

In der Fortsetzung der Umfrage am 22. Juni heißt es:

Wolf Biermann *Liedermacher* [...]
Der 8. Mai[3], und zwar ausdrücklich als Tag der Befreiung
30 vom Hitler-Faschismus[4] durch die Alliierten. Wir haben uns nun einmal nicht selber befreit von dieser Tyrannei. Wir wollen uns erinnern an diese Dunkelheit und fest entschlossen sein, uns, bei nächster Gelegenheit, der kommenden Diktatoren selbst zu entledigen. [...]

---

[1] **23 Mai:** Tag des Inkrafttretens des Grundgesetzes 1949
[2] **9. November 1938:** Die Nationalsozialisten gehen gewaltsam gegen Juden vor, um sie aus dem Deutschen Reich zu vertreiben („Novemberpogrome").
[3] **8. Mai:** Ende des Zweiten Weltkrieges in Europa 1945
[4] **Faschismus** (von ital. *fasci di combattimento*: Kampfbünde): rechtsextreme, antidemokratische und antikommunistische Weltanschauung oder Herrschaftsform

Berndt von Staden *Staatssekretär a. D.* [...]   35
Nationalfeiertag sollte der Tag werden, an dem die neue Einheit staatsrechtlich vollzogen wird. Darin drückt sich aus, dass hier zwei Gemeinwesen zusammenkommen, um eine Einheit zu bilden.

Klaus Bölling *Staatssekretär i. R.* [...]   40
Jetzt ist die Chance gegeben, den Tag, an dem mutige Arbeiter in der DDR gegen das stalinistische Ausbeuterregime aufbegehrten, als Feiertag aller Deutschen gleichsam zu rehabilitieren, also von dem Makel zu reinigen, dass die Bundesdeutschen bald vierzig Jahre etwas gefei- 45
ert haben, woran sie nicht selbst Anteil und Verdienst hatten. Der Aufstand vom 17. Juni 1953 ist für mich ein noch stärkeres Datum unserer Geschichte als die friedliche Revolution des 9. November. Der Tag des Grundgesetzes würde auch künftig ein blutleerer Feiertag bleiben, mit 50
dem zumal die DDR-Deutschen nichts anzufangen wissen. Wer den 17. Juni 1953 in Berlin miterlebt hat, weiß, dass es damals schon zuerst um Freiheit und um die Überwindung der Zerrissenheit gegangen ist.

Erster und zweiter Text: Symbole für das neue Deutschland. Welcher Name? Welche Hymne? Welcher Feiertag? – Antworten auf drei Fragen der ZEIT, in: Die Zeit vom 15. Juni 1990 (Ausgabe Nr. 25/1990), S. 3 f. und vom 22. Juni 1990 (Ausgabe Nr. 26/1990), S. 10

1. Informieren Sie sich über die hier zu Wort kommenden Personen im Internet.

2. Präsentation: Erstellen Sie eine Übersicht, die die Stellungnahmen zusammenfasst. Ordnen Sie dabei nach folgenden Gesichtspunkten: Welches Datum wird favorisiert, welches dagegen verworfen? Welche Argumente werden geltend gemacht? Was soll der Nationalfeiertag symbolisieren?

3. Analysieren Sie, weshalb es im Vorfeld der deutschen Einigung ein gespaltenes Meinungsbild über den Nationalfeiertag gab. Ziehen Sie dazu auch den Verfassertext auf Seite 54 heran. | F

M2 Ende und Anfang

In einer Studie werden die Reaktionen der Deutschen auf die Einheitsfeiern vom 3. Oktober 1990 ausgewertet. Darin heißt es:

Eigentlich ist der 3. Oktober 1990 nichts anderes als der Tag, an dem die deutsche Einheit in Kraft tritt. Er setzt damit der raschen Entwicklung des Jahres zuvor ein symbolisches Ende, einer Entwicklung, die von der Wende in der DDR über die Aufgabe ihrer wirtschaftlichen Selbst- 5
ständigkeit in der Währungsunion bis zum Ende ihrer staatlichen Eigenständigkeit und ihrem Beitritt zur Bundesrepublik reicht. Ein solcher Tag braucht einen angemessenen Rahmen, in dem sich seine Bedeutung ausdrückt.

10 Der 3. Oktober ist aber mehr: Er wurde über diesen formalen Akt hinaus zum neuen deutschen Nationalfeiertag gekürt, mit dem sich, so keine unvorhergesehenen Entwicklungen eintreten, auch noch die folgenden Generationen auseinandersetzen müssen. Der 3. Oktober des Jahres
15 1990 soll eine dauerhafte Tradition begründen, die es rechtfertigt, dass auch die 3. Oktober der folgenden Jahre arbeits- und schulfrei und in Veranstaltungen gewürdigt werden. [...] Die symbolische Ausgestaltung dieses Tages ist auch deswegen von besonderer Aussagekraft zur Ver-
20 deutlichung gemeinter und implizierter[1] Bedeutungen, weil ein formaler Akt wie der schon lange vorher festgelegte Zusammenschluss zweier Institutionen sinnlich nicht erlebbar ist und das symbolische Arrangement dieses Manko ausgleichen muss.
25 Die Bundesregierung hat diesen Feiertag veranlasst und das feierliche Geschehen in Berlin inszeniert, sie ist an diesem Tag auch der Hauptakteur. Sie präsentiert sich dabei, wie es jede Regierung zu tun pflegt, als erfolgreiche Sachwalterin des öffentlichen Interesses, die Probleme zu
30 bewältigen weiß. Die Medien haben [...] die Aufgabe und die Freiheit, das Geschehen und seine Deutung zu interpretieren und in die Bevölkerung zu verbreiten. Und die Bürger und Bürgerinnen sind es schließlich, die ihn durch ihre Tagesgestaltung zum Feiertag machen – oder nicht.

Friedrich Krotz, Vom Feiern eines nationalen Feiertags. Versuch eines Resümees, in: Ders. und Dieter Wiedemann (Hrsg.), Der 3. Oktober 1990 im Fernsehen und im Erleben der Deutschen, Hamburg 1991, S. 264–285, hier S. 264f.

---

1. Erläutern Sie ausgehend vom Text, in welcher Hinsicht der 3. Oktober 1990 sowohl Ende als auch Anfang symbolisiert.

2. Erläutern Sie, worin das „Manko" (Zeile 24) des 3. Oktober als Tag der Deutschen Einheit besteht und erörtern Sie, wie es bewältigt werden kann. Differenzieren Sie dabei nach den drei Gruppen von Akteuren, von denen die Gestaltung des Feiertages abhängt (Regierung, Medien, Bürger). | H

M3 Dritter Oktober, *powered by ...*

Die Historikerin Vera Caroline Simon (*1980) vergleicht die Gedenk- und Feiertagspraxis in Deutschland und Frankreich. Zur Frage der Finanzierung des Nationalfeiertages stellt sie fest:

Durch seine institutionelle Verankerung in Frankreich stand für die Organisation des 14. Juli[2] ein festes Budget im Staatshaushalt zur Verfügung. In der Bundesrepublik hingegen wurde versucht, die Feiern weit möglichst durch Sponsoren und nicht über Steuergelder zu finanzieren. 5 Durch diese von den Organisatoren betriebene Politik des Sponsorings wurde viel symbolischer Raum abgetreten. Im Jahr 2002 war zum Beispiel Berlin Austragungsort der zentralen Einheitsfeier: Höhepunkt der öffentlichen Attraktionen war die Enthüllung des Brandenburger Tores, das 10 für Renovierungsarbeiten fast zwei Jahre verdeckt gewesen war, und bereits während dieser Renovierungszeit prangten auf der Bauumhüllung des Tores mehrmals die Logos der Firmen, die die Renovierung gesponsert hatten. Am Tag der Deutschen Einheit zierte die Umhüllung des Branden- 15 burger Tores der große Schriftzug „Vattenfall Europe" – der schwedische Stromkonzern hatte sich an den Renovierungskosten beteiligt und auch die abendliche Großveranstaltung gesponsert. Der Konzernchef kam ebenfalls bei der Übertragung der Festlichkeiten als einer der „Haupt- 20 akteure" zu Wort. In ähnlicher Weise inszenierte sich die Coca-Cola GmbH am 3. Oktober mit einer Coca-Cola-Bühne in Berlin und bewarb die Hauptstadtfeier und ihren eigenen Beitrag als „das Einheitsfest der Superlative". Das in Berlin regelmäßig zum Tag der Einheit stattfindende Fest 25 wurde ebenfalls über Sponsoren wie die Deutsche Post und die Deutsche Bahn, aber auch McDonald's oder Sporthersteller finanziert. Die zum Tag der Deutschen Einheit 2003 für Berlin geplanten Veranstaltungen – die zentrale Einheitsfeier fand in Magdeburg statt – mussten wegen feh- 30 lender Sponsoren abgesagt werden. Der geografische wie symbolische Raum der Veranstaltung schien somit von den Sponsoren kontrolliert und stand damit in auffälligem Kontrast zum 14. Juli: Durch sein eigenes, unangetastetes Budget im Staatshaushalt war am französischen Nationalfeier- 35 tag zumindest in Paris nur ein Symbol zu sehen: die französische Trikolore.

Vera Caroline Simon, Gefeierte Nation. Erinnerungskultur und Nationalfeiertag in Deutschland und Frankreich seit 1990, Frankfurt am Main/New York 2010, S. 125f.

---

1. Fassen Sie die zentralen Aussagen des Textes zusammen.

2. Erläutern Sie anhand des Textes, was mit dem „symbolischen Raum" (Zeile 7 und 32) eines Nationalfeiertages gemeint ist.

3. Gruppenarbeit: Diskutieren Sie in der Klasse Vor- und Nachteile einer kommerziellen Unterstützung von nationalen Gedenk- und Feiertagen. Berücksichtigen Sie dabei, dass Sponsoren ihre eigenen Interessen verfolgen und oft eigene Botschaften anbringen wollen.

4. Präsentation: An Sie wird der Auftrag vergeben, auf dem Bürgerfest zum 3. Oktober Ihr Bundesland zu repräsentieren. Das kann zum Beispiel durch einen Informationsstand oder durch kreative Aktionen erfolgen. Entwickeln Sie eigene Gestaltungsideen, wie Sie den Festbesuchern Ihr Bundesland zeigen wollen.

---

[1] **implizieren:** (unausgesprochen) mit enthalten
[2] **14. Juli** („Quatorze Juillet"): seit 1880 Nationalfeiertag in Frankreich, zum Gedenken an die Erstürmung der Bastille in Paris 1789 im Zusammenhang mit der Französischen Revolution

Politische Reden analysieren

Politische Reden sind Textquellen. Ihr Wortlaut ist in der Regel schriftlich überliefert, manchmal sind Reden auch als Video, auf Tonbändern oder Audiodateien verfügbar. Je nach Anlass und Zweck kann man **verschiedene Typen** von politischen Reden unterscheiden: Eine Parlamentsrede debattiert eine politische Entscheidung, eine Protestrede stellt Forderungen auf einer Kundgebung, eine Wahlkampfrede wirbt für ein Programm und kritisiert den politischen Gegner, eine Gedenkrede erinnert an bedeutende Personen oder Ereignisse der Vergangenheit. Oft treten diese Redetypen gemischt auf, etwa wenn eine Parlamentsrede auch dem Wahlkampf dient oder eine Gedenkrede auf aktuelle Fragen zu sprechen kommt.

Da eine Rede mündlich gehalten wird, ist nicht nur ihr Inhalt von Bedeutung, sondern auch die **vortragende Person**, ihr Amt und ihre Funktion, ihre Bekanntheit oder Beliebtheit. Bei der Untersuchung politischer Reden ist zu berücksichtigen, dass sie auf eine bestimmte Situation hin angelegt sind. In dieser Situation sollen die **Zuhörer** im gewünschten Sinne beeinflusst werden, etwa durch einprägsame Formulierungen, Zuspitzungen oder Appelle. Zentrale Aussagen einer Rede können dabei zum „geflügelten Wort" werden, das weit über die Redesituation hinaus Verbreitung findet. Als Geschichtsquellen geben politische Reden Aufschluss darüber, welche drängenden Fragen in der Vergangenheit bestanden und wie versucht wurde, öffentlichkeitswirksam darauf zu reagieren.

Weitere Anwendungsbeispiele finden Sie u.a. auf den Seiten 28, 41, 49 f. und 52 f.

Arbeitsschritt	Leitfragen
1. beschreiben	• Wer ist der Redner / die Rednerin und welche Funktion hat er / sie? • Was ist über die politische Haltung oder Weltanschauung des Redners / der Rednerin bekannt? • Wann, wo und in welchem Rahmen wurde die Rede gehalten (Art und Anlass der Veranstaltung, besonderer Redeort, Publikum, Übertragung durch Medien)? • Was behandelt die Rede (Thema, Inhalt)? • Welche Merkmale kennzeichnen die Rede (Aufbau, Länge, Argumentation, Umgangs- oder Hochsprache)? • Gibt es markante Passagen (Zitate, Aufrufe usw.)?
2. erklären	• In welchem Bezug steht der Redner / die Rednerin zum Thema? • An wen ist die Rede gerichtet? • Welche Absichten verfolgt die Rede? • Wie wurde die Rede von Zuhörern / Zeitgenossen aufgenommen?
3. beurteilen	• Wie lässt sich die Rede in den historischen Kontext einordnen? • Welchen Einfluss hatte die Rede auf die damalige Situation oder Entwicklung?

M „Wir Deutsche können Freiheit"

*Zum 25. Jahrestag der Deutschen Einheit am 3. Oktober 2015 findet die zentrale Gedenk-
feier in Frankfurt am Main statt. Hauptredner beim Festakt in der Frankfurter Alten Oper
ist der damalige Bundespräsident Joachim Gauck (*1940):*

Der Tag der Deutschen Einheit. Das ist für unser Land seit 25 Jahren ein Datum der starken
Erinnerungen, ein Anlass für dankbaren Rückblick auf mutige Menschen. Auf Menschen,
deren Freiheitswille Diktaturen ins Wanken brachte [...]. Aber in diesem Jahr ist doch manches anders. So mancher fragt: Warum zurückblicken? [...] Was können wir feiern in einer
5 Zeit, in der hunderttausende Männer, Frauen und Kinder bei uns Zuflucht suchen? [...]
Meine Antwort darauf lautet, ganz einfach: Es gibt etwas zu feiern. Die Einheit ist aus der
Friedlichen Revolution erwachsen. Damit haben die Ostdeutschen den Westdeutschen und
der ganzen Nation ein großes Geschenk gemacht. [...] Sie hatten Freiheit errungen. Das erste
Mal in der deutschen Nationalgeschichte war das Aufbegehren der Unterdrückten wirklich
10 von Erfolg gekrönt. Die Friedliche Revolution zeigt: Wir Deutsche können Freiheit.
Und so feiern wir heute den Mut und das Selbstvertrauen von damals. Nutzen wir diese
Erinnerung als Brücke. [...] Auch 1990 gab es die berechtigte Frage: Sind wir der Heraus-
forderung gewachsen? [...] Und trotzdem haben Millionen Menschen die große nationale
Aufgabe der Vereinigung angenommen und Deutschland zu einem Land gemacht, das mehr
15 wurde als die Summe seiner Teile. [...]
Doch nun, da viele Flüchtlinge angesichts von Kriegen, von autoritären Regimen und zer-
fallenden Staaten nach Europa, nach Deutschland getrieben werden, nun stellt sich doch
die Aufgabe der inneren Einheit neu. [...] In den aktuellen Debatten offenbaren sich unterschiedliche Haltungen aufgrund unterschiedlicher historischer Erfahrungen. [...] West-
20 deutschland konnte sich über mehrere Jahrzehnte daran gewöhnen, ein Einwanderungsland zu werden – und das war mühsam genug [...]. Für die Menschen im Osten war es doch
ganz anders. Viele von ihnen hatten bis 1990 kaum Berührung mit Zuwanderern. Wir
haben erlebt: Die Veränderung von Haltungen gegenüber Flüchtlingen und Zuwanderern
kann immer nur das Ergebnis von langwierigen – auch konfliktreichen – Lernprozessen
25 sein. [...]
Was ist denn das innere Band, das ein Einwanderungsland zusammenhält? [...] Gerade weil
in Deutschland unterschiedliche Kulturen, Religionen und Lebensstile zuhause sind, gerade
weil Deutschland immer mehr ein Land der Verschiedenen wird, braucht es eine Rückbindung aller an unumstößliche Werte [...]. Ich erinnere mich noch gut, welche Ausstrahlung
30 die westlichen Werte bei uns in der DDR [...] besaßen. Wir sehnten uns nach Freiheit und
Menschenrechten, nach Rechtsstaat und Demokratie. Diese Werte, obwohl im Westen
entstanden, sind zur Hoffnung für Unterdrückte und Benachteiligte auf allen Kontinenten
geworden. [...] Und diese, unsere Werte, sie stehen nicht zur Disposition! [...] Und noch
etwas: Es gibt in unserem Land politische Grundentscheidungen, [...] die ebenfalls unum-
35 stößlich sind. Dazu zählt unsere entschiedene Absage an jede Form von Antisemitismus
und unser Bekenntnis zum Existenzrecht von Israel.
Wir kennen keine andere Gesellschaftsordnung, die dem Individuum so viel Freiheit, so
viele Entfaltungsmöglichkeiten, so viele Rechte einräumt wie die Demokratie. [...] Wir
kennen auch keine Gesellschaftsordnung, die sich so schnell neuen Bedingungen anzupas-
40 sen und zu reformieren vermag, weil sie – wie Karl Popper[1] einmal sagte – auf einen
Menschen baut, „dem mehr daran liegt zu lernen, als recht zu behalten".

Nach: www.bundespraesident.de/SharedDocs/Reden/DE/Joachim-Gauck/Reden/2015/10/151003-Festakt-Deutsche-
Einheit.html (Zugriff: 24. Januar 2020)

Handschriftliche Randnotizen:
- Erinnerung
- häufige Fragen
- prägnante Formel (von Gauck erstmals 2010 verwendet)
- Erinnerung, einprägsame Metapher
- Erinnerung (hier zwischen Ost und West geteilt)
- Unterschiede (Ost/West)
- Umschreibung von gesellschaftlicher Integration, einprägsame Wortwahl („Band" – „Rückbindung")
- Erinnerung (hier nur für Ostdeutschland)
- Gemeinsamkeit

> ▶ Analysieren Sie die Rede mithilfe der Arbeitsschritte auf Seite 58. Ihre Ergeb-
> nisse können Sie mit der Beispiellösung auf Seite 86 vergleichen.
> Tipp: Ein Video mit der vollständigen Rede von Joachim Gauck finden Sie
> unter dem Code 32205-13.

[1] **Karl Popper** (1902–1994): öster-
reichisch-britischer Philosoph

Der 9. November – ein besser geeigneter Feiertag?

Von Beginn an gab es Bedenken gegen den 3. Oktober als Tag der Deutschen Einheit: Das Datum stehe für einen bloßen „Verwaltungsakt", biete den Menschen keine emotionale Bindung und ignoriere die friedliche Revolution in der DDR, die doch der Einheit den Weg gebahnt hatte. Die Kritik nahm im Laufe der 1990er-Jahre zu, je mehr die wirtschaftlichen, sozialen und zwischenmenschlichen Probleme der deutschen Einigung sichtbar wurden. An Gegenvorschlägen zum 3. Oktober mangelte es nicht. Unter ihnen war der 9. November der meistgenannte. Das Datum erinnert an den Fall der Berliner Mauer von 1989, aber auch an weitere denkwürdige Ereignisse der jüngeren deutschen Geschichte.

M1 „Schicksalstag der Deutschen"

Der ostdeutsche Bürgerrechtler und Grünen-Politiker Werner Schulz (*1950) kommentiert in der Tageszeitung „Die Welt" die Feiern zum zehnten Jahrestag des Mauerfalls:

Berliner Senat und Bundesregierung haben ein großes Fest zum Mauerfall am Brandenburger Tor organisiert. [...] Plötzlich zeigt sich, dass der Nationalfeiertag und Tag der Deutschen Einheit eigentlich nur der Termin des Beitritts
5 ist. Ohne emotionalen und historischen Bezug. [...] Die Wiedervereinigung fand am 9. November statt. Als die Berliner Mauer von beiden Seiten der Stadt überwunden wurde und sich die Menschen in den Armen lagen. Es war ein Akt der Selbstbefreiung des Volkes, der friedlichen
10 Protestbewegung der DDR und nicht das Werk der großen Politik. [...] Nicht der 3. Oktober, sondern der 9. November ist der Tag unserer Nationalgeschichte. Dieser Tag zieht den Jahrhundertweg. Mit all seinen guten und schlechten Zeiten. [...] Der 9. November liefert Aufschluss über die
15 Spaltung der Nation. Während Philipp Scheidemann 1918 vom Reichstag aus die bürgerliche Republik ausrief, verkündete Karl Liebknecht vom Schlossbalkon die sozialistische Republik. Unwissend, dass der Spaltung der Linken zwei Diktaturen und zwei entgegengesetzte deutsche Staa-
20 ten folgen könnten. [...]
Der 9. November steht aber auch für das dunkelste Kapitel unserer Geschichte: den Nationalsozialismus. Zwar scheiterte der Nazi-Putsch 1923 vor der Münchener Feldherrnhalle. Doch zwei Jahre später wurde die SS gegründet, und
25 in der Pogromnacht von 1938 sollte sich zeigen, was die braunen Machthaber wirklich vorhatten: die Ausrottung der Juden. [...] Der 9. November erinnert uns daran, dass wir drei Revolutionen[1] brauchten, um Unterdrückung und Trennung zu überwinden. In der Verquickung der Geschehnisse erweist er sich als der Schicksalstag der Deutschen. 30
Ein Gedenk- und Feiertag zugleich. Kein Tag für ausgelassene Volksfeste – eher Anlass zur Selbstbesinnung. [...] Machen wir den 9. November zum nationalen Gedenkfeiertag und stellen uns der Verantwortung für die gesamte Geschichte. 35

Werner Schulz, Unser falscher Nationalfeiertag, in: Die Welt vom 9. November 1999, S. 8

M2 Kein „ideeller Gesamtfeiertag"

Der Historiker Heinrich August Winkler (*1938) hebt die Bedeutung des 3. Oktober 1990 hervor, ebenso die Schwierigkeiten im Umgang mit dem 9. November:

Am 3. Oktober 1990 wurde ein wirkliches Problem gelöst, das man mit Fug und Recht ein Jahrhundertproblem nennen kann: die deutsche Frage. [...]
„Einheit in Freiheit" war das Doppelziel der Revolution von 1848. Bekanntlich wurde damals weder das eine noch das 5 andere Ziel erreicht. Die Einheit kam 1871 in Gestalt der Bismarck'schen Reichsgründung, die Freiheit in Gestalt der parlamentarischen Demokratie erst sehr viel später, 1918/19. [...] Die kurzlebige Weimarer Republik war die erste gesamtdeutsche Demokratie. Die Bonner Republik 10 bedeutete Freiheit nur für einen Teil der Deutschen. „Einheit in Freiheit" gibt es erst wieder seit der Wiedervereinigung Deutschlands am 3. Oktober 1990. Wenn es nichts anderes über diesen Tag zu sagen gäbe: dies allein würde genügen, ihn zu einem der großen Tage der deutschen 15 Geschichte, zu einem Freudentag, zu machen. [...]
Der 9. November, den die meisten Kritiker des 3. Oktober als Alternative ins Spiel bringen, ist als Tag der Deutschen Einheit hingegen denkbar ungeeignet.

---
[1] **„Drei Revolutionen":** Der Verfasser erwähnt an anderer Stelle den 9. November 1848, als der deutsche Politiker und Dichter Robert Blum hingerichtet wurde. Das Datum erinnere deshalb auch an die gescheiterte Revolution von 1848/49. Siehe hierzu auch Seite 39.

20 Der 9. November 1989 war ein Tag der Freude nicht nur für die Deutschen, sondern für die Freunde der Freiheit in aller Welt. [...] Wer den 9. November zum Tag der Deutschen Einheit machen will, beabsichtigt nicht, die Erinnerung an einen anderen 9. November auszulöschen: den des 25 Jahres 1938. Das Gegenteil ist der Fall. Die Befürworter des 9. November wollen gleichzeitig des Falles der Mauer und der Opfer der Reichspogromnacht, ja des Holocaust gedenken. Sie wünschen einen ideellen Gesamtfeiertag, an dem sich die Deutschen der Höhen und Tiefen ihrer jüngeren 30 Geschichte erinnern.

Dies aber kann nicht gelingen. Welcher Redner wäre in der Lage, in ein und derselben Rede Freude und Scham, Stolz und Trauer angemessen zum Ausdruck zu bringen? Welche Zeremonie würde diesem Anspruch gerecht werden? Wird 35 nicht auch das Publikum emotional überfordert, wenn es einen Nationalfeiertag begehen soll, der unter dem ungeschriebenen Motto „himmelhochjauchzend, zu Tode betrübt" steht?

Der 9. November 1989 kann nicht aus dem Schatten des 40 9. November 1938 heraustreten. Die Widersprüche der Empfindungen auszuhalten, die mit dem Datum des 9. November verbunden sind, ist notwendig. Die Widersprüche zu feiern ist unmöglich.

Heinrich August Winkler, Jubeln oder trauern – beides geht nicht. Warum der 3. Oktober und nicht der 9. November der richtige Tag der Einheit ist, in: Die Zeit vom 9. November 2000 (Ausgabe Nr. 46/2000), S. 20

M3 Feiertag für ein „kritisches Nationalbewusstsein"

Der französische Germanist Gilbert Merlio (*1934) nimmt Bezug auf die Diskussion um den 9. November und urteilt:

Der 9. November verbindet Licht und Schatten, Anlässe zum Feiern und zum Trauern. Man hat in dieser Hinsicht vom „Doppelgesicht" gesprochen oder von einer „Erinnerungslast", die immer wieder zu Kontroversen führt. In der 5 Tat weist jeder dieser Tage Widersprüchlichkeiten auf, die keine eindeutige Interpretation zulassen. [...] Die Deutschen hätten auf den Rat von Rita Süssmuth[1] hören sollen, die sie mahnte, „immer die innere Verbindung zwischen dem Tag der Freude vom 9. November 1989 mit dem Tag 10 der Trauer vom 9. November 1938" zu sehen. Ohne auf die Nation als Identitätsfaktor und als Ort der demokratischen Willensbildung zu verzichten, [...] bin ich der Auffassung, dass es immer gefährlich ist, wenn die Nationen ein zu gutes Gewissen pflegen. Angesichts der tragischen europä-

ischen Geschichte braucht jedes unserer Länder ein kriti 15 sches Nationalbewusstsein. „Negative" Gedenktage (wo die Nationen also nicht Opfer, sondern Täter sind) finden allmählich Eingang in nationale Gedenktagskalender. Aber mit der Wahl des 9. November zum Nationalfeiertag wären die Deutschen mit gutem Beispiel vorangegangen. Die ver 20 spätete Nation, die auch spät den Weg zur liberalen Demokratie fand, aber nun als „geglückte Demokratie" in mancher Hinsicht beispielhaft wirkt, wäre diesmal einen Schritt vor den anderen Nationen voraus gewesen.

Gilbert Merlio, 9. November: ein schwieriger Erinnerungstag, in: Étienne François und Uwe Puschner (Hrsg.), Erinnerungstage. Wendepunkte der Geschichte von der Antike bis zur Gegenwart, München 2010, S. 219 – 238, hier S. 237 f.

---

1. Fassen Sie die wesentlichen Aussagen der drei Materialien in eigenen Worten zusammen.

2. Präsentation: Nehmen Sie die für M1 auf Seite 56 (Aufgabe 2) erstellte Übersicht und ergänzen Sie sie um die Argumente für und gegen den 3. Oktober bzw. den 9. November aus den vorliegenden drei Texten.

3. Setzen Sie sich mit den in Aufgabe 2 herausgearbeiteten Positionen auseinander. Welcher Meinung würden Sie folgen? Begründen Sie Ihre Entscheidung. | H

4. Charakterisieren Sie den 9. November als einen möglichen Feiertag „von unten" im Gegensatz zum 3. Oktober als Feiertag „von oben". Ziehen Sie dazu auch die Verfassertexte auf den Seiten 54 f. heran.

5. Arbeiten Sie aus M1 heraus, welche Funktion ein nationaler Gedenk- und Feiertag nach Ansicht des Autors erfüllen sollte.

6. Präsentation: Recherchieren Sie im Internet nach „negativen" Gedenktagen im In- und Ausland, wie sie in M3 beschrieben sind. Stellen Sie anschließend Ihre Ergebnisse in einem Kurzreferat vor.

7. In einem Interview vom Oktober 2000 äußerte der damalige Vorsitzende des Zentralrats der Juden in Deutschland, Paul Spiegel: „Der Gedanke, sich zwischen Würstchenbuden und Volksfeststimmung an die Pogromnacht vom 9. November 1938 zu erinnern, erscheint mir unvorstellbar." Nehmen Sie dazu Stellung.

---

[1] **Rita Süssmuth** (*1937): deutsche Politikerin, 1988 bis 1998 Präsidentin des Deutschen Bundestages

Gedenktage, Feiertage und Jubiläen
im kommunikativen und kulturellen Gedächtnis

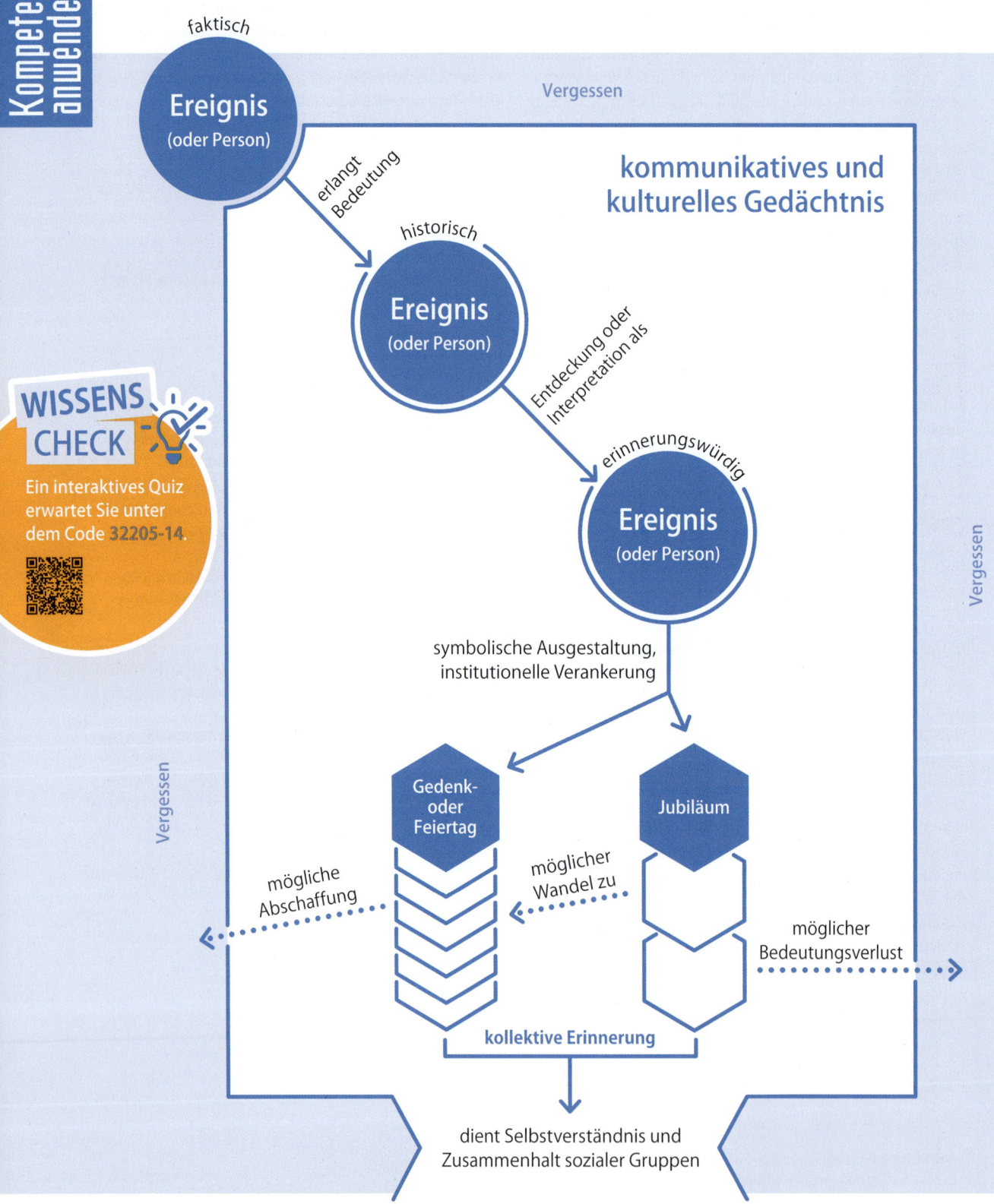

M Trauma und Erinnerung

Unter welchen Bedingungen entstehen aus Ereignissen öffentliche Gedenktage? Die Kulturwissenschaftlerin Aleida Assmann (siehe Seite 13 und 51) erörtert diese Frage an drei Beispielen:

Der 26. April 2003 war ein Jahrestag, der nur wenigen als solcher in Erinnerung geblieben ist. Auf dem Erfurter Domplatz fand eine große Gedenkfeier mit Schweigeminute statt. Um 10.45 läuteten die Glocken, in dem Augenblick, in
5 dem ein Jahr zuvor der Schüler Robert Steinhäuser maskiert und schwer bewaffnet ins Gutenberg-Gymnasium in Erfurt eingedrungen war und 16 Menschen niedergeschossen hatte. Die Stufen der Schule und des Doms waren mit Blumen ausgelegt. Durch die Berichterstattung der Medien von
10 der Gedenkfeier wurde das Erfurter Ereignis auch in die bundesdeutsche Erinnerung zurückgebracht. [...] Von diesem traumatischen Ereignis ist nicht zu erwarten, dass es in den kommenden Jahren mit ähnlichem Aufgebot wiederholt wird. Dafür müssten noch weitere Voraussetzungen erfüllt
15 sein. Zu einem periodisch begangenen Datum kann ein Ereignis nur werden, wenn die Identität einer Gruppe mit dieser Erinnerung unablösbar verbunden ist.
Instruktiv ist hier der Vergleich mit einem anderen traumatischen Ereignis, das ebenfalls mit dem 26. April verbunden
20 ist: das Atomunglück von Tschernobyl von 1986. Im Jahr 2003 jährte sich dieses Ereignis zum 17. Male. Da die 17 kein ‚rundes' Datum ist, wurde der Jahrestag nur am Rande beachtet. [...] Hier ist noch nicht absehbar, ob dieses traumatische Ereignis je in die Form einer geregelten sozialen
25 Kommemoration[1] überführt werden wird. [...] Dafür muss sich eine Erinnerungsgemeinschaft bilden, die mit diesem Datum nicht nur ein spezifisches Anliegen und eine eindeutige Botschaft verbindet, sondern der es obendrein gelingt, diese Botschaft zu verallgemeinern und institutionell zu
30 verankern. [...]
Ganz anders verhält es sich da mit dem Trauma, das die Stadt New York getroffen hat. Der 11. September 2001, der Tag des terroristischen Anschlags auf das World Trade Center und das Pentagon[2], an dem annähernd 3000 Men-
35 schen starben, wurde schon ein halbes Jahr später, am 11. März 2002, und sodann am ersten Jahrestag mit großen Feierlichkeiten kommemoriert. Dieses Datum hat die Aussicht, neben dem 4. Juli zu einem zweiten nationalen Gedenktag in den Vereinigten Staaten zu werden. Das Ti-
40 telblatt der Zeitschrift *Economist*, die am 11. September 2002 erschien, wies nur das einzige lapidare Wort ‚Remember' auf. Viele Zeichen deuten bereits darauf hin, dass dieser Imperativ [...] auch in Zukunft beherzigt werden und die Form einer geregelten Kommemoration annehmen 45 wird. Neben der exzessiven, repetitiven und weitverbreiteten Dokumentation der Ereignisse des 11. September in Wort, Bild und Film hat das Trauma eine Welle künstlerischer Verarbeitungen sowie eine anhaltende Debatte über die Bedeutung des Geschehens in Gang gesetzt, das als ein 50 historisches Schwellenereignis identifiziert worden ist. Das neue Millennium, so wurde betont, habe erst mit diesem Datum wirklich begonnen. So, wie es in der Zeit verankert ist, ist es auch im Raum verankert. Der Schauplatz des Geschehens, ‚Ground Zero' in Süd-Manhattan, ist im Begriff, 55 in einen Gedächtnisort mit einer markanten nationalen Symbolik umgewandelt zu werden. Der gläserne Turm, den der Entwurf des Architekten Daniel Liebeskind neben anderen Baukomplexen vorsieht, soll eine Höhe von 1776 Fuß haben, was der Jahreszahl der amerikanischen Unab- 60 hängigkeitserklärung entspricht. Damit wird die Stätte des Traumas mit einer triumphalistischen Botschaft verknüpft und die Bedrohung der amerikanischen Demokratie mit einem Signal der Überbietung und einer Geste nationaler Selbstbehauptung beantwortet. 65

Aleida Assmann, Ist die Zeit aus den Fugen? Aufstieg und Fall des Zeitregimes der Moderne, München 2013, S. 228–230

1. Fassen Sie die Faktoren zusammen, die nach Ansicht der Autorin nötig sind, um einen öffentlichen Gedenktag zu etablieren.

2. Partnerarbeit: Bilden Sie Zweiergruppen. Wählen Sie aus dem bisherigen Kapitel zwei Beispiele für Gedenk- und Feiertage aus. Weisen Sie nach, ob und inwieweit die in Aufgabe 1 ermittelten Faktoren erfüllt sind.

3. Die Autorin verwendet den psychologischen Begriff des Traumas, einer tief und nachhaltig verstörenden Erfahrung für Einzelne oder Gruppen. Erläutern Sie, welche Funktion Gedenk- und Feiertage bei der Bewältigung solcher Erfahrungen haben können. Führen Sie dazu Beispiele aus dem Kapitel an.

4. Präsentation: Verfassen Sie einen Aufruf an die Bundesregierung, den 11. September zum nationalen „Gedenktag gegen den Terror" zu erheben. Werben Sie für Ihr Anliegen, indem Sie das Datum als Ergänzung der bestehenden Gedenk- und Feiertagskultur in Deutschland darstellen.

---

[1] **Kommemoration** (von lat. *commemoratio*: Erwähnung, Anführung): feierliches Gedenken
[2] **Pentagon**: Sitz des US-Verteidigungsministeriums in Washington D.C.

2.1 Anforderungsbereiche und Operatoren

Anforderungsbereich I (Reproduktion)

Er verlangt in erster Linie die geordnete Wiedergabe von Sachverhalten und die (eventuell chronologische) Auflistung von Kenntnissen ohne Kommentierung. Dabei wird die Anwendung eingeübter Arbeitstechniken, z. B. die Zusammenfassung von Quelleninhalten, sowie die Reduzierung auf wesentliche Aussagen erwartet.

beschreiben

strukturiert und fachsprachlich angemessen Materialien vorstellen und / oder Sachverhalte darlegen

gliedern

einen Raum, eine Zeit oder einen Sachverhalt nach selbst gewählten oder vorgegebenen Kriterien systematisierend ordnen

wiedergeben

Kenntnisse (Sachverhalte, Fachbegriffe, Daten, Fakten, Modelle) und / oder (Teil-)Aussagen mit eigenen Worten sprachlich distanziert, unkommentiert und strukturiert darstellen

zusammenfassen

Sachverhalte auf wesentliche Aspekte reduzieren und sprachlich distanziert, unkommentiert und strukturiert → *wiedergeben*

Anforderungsbereich II (Reorganisation und Transfer)

Er fordert das eigenständige Erklären, Bearbeiten und Ordnen bekannter Inhalte und die Anwendung des Eingeübten auf andere Sachverhalte.

analysieren

Materialien, Sachverhalte oder Räume → *beschreiben*, kriterienorientiert oder aspektgeleitet erschließen und strukturiert darstellen

charakterisieren

Sachverhalte in ihren Eigenarten → *beschreiben*, typische Merkmale kennzeichnen und diese dann ggf. unter einem oder mehreren Gesichtspunkten zusammenführen

einordnen

begründet eine Position / ein Material zuordnen oder einen Sachverhalt begründet in einen Zusammenhang stellen

erklären

Sachverhalte so darstellen – ggf. mit Theorien und Modellen –, dass Bedingungen, Ursachen, Gesetzmäßigkeiten und / oder Funktionszusammenhänge verständlich werden

erläutern

Sachverhalte → *erklären* und in ihren komplexen Beziehungen an Beispielen und / oder Theorien verdeutlichen (auf Grundlage von Kenntnissen bzw. Materialanalyse (→ *analysieren*))

gegenüberstellen

Sachverhalte, Aussagen oder Materialien kontrastierend darstellen und gewichten

herausarbeiten

Materialien auf bestimmte, explizit nicht unbedingt genannte Sachverhalte hin untersuchen und Zusammenhänge zwischen den Sachverhalten herstellen

in Beziehung setzen

Zusammenhänge zwischen Materialien / Sachverhalten aspektgeleitet und kriterienorientiert herstellen und → *erläutern*

nachweisen

Materialien auf Bekanntes hin untersuchen und belegen

vergleichen

Gemeinsamkeiten, Ähnlichkeiten und Unterschiede von Sachverhalten kriterienorientiert darlegen

Anforderungsbereich III (Reflexion und Problemlösung)

Er umfasst den kritischen und reflektierten Umgang mit neuen Problemstellungen, den eingesetzten Methoden und den gewonnenen Erkenntnissen. Ziel sind eigenständige Begründungen, Folgerungen, Deutungen und Wertungen.

beurteilen

den Stellenwert von Sachverhalten oder Prozessen in einem Zusammenhang bestimmen, um kriterienorientiert zu einem begründeten Sachurteil zu gelangen

entwickeln

zu einem Sachverhalt oder zu einer Problemstellung eine Einschätzung, ein Lösungsmodell, eine Gegenposition oder ein begründetes Lösungskonzept darlegen

erörtern

zu einer vorgegebenen Problemstellung eine reflektierte, abwägende Auseinandersetzung führen und zu einem begründeten Sach- und / oder Werturteil kommen

sich auseinandersetzen

zu einem Sachverhalt, einem Konzept, einer Problemstellung oder einer These usw. eine Argumentation → *entwickeln*, die zu einem begründeten Sach- und / oder Werturteil führt

Stellung nehmen

Beurteilung (→ *beurteilen*) mit zusätzlicher Reflexion individueller, sachbezogener und / oder politischer Wertmaßstäbe, die Pluralität gewährleisten und zu einem begründeten eigenen Werturteil führen

überprüfen

Inhalte, Sachverhalte, Vermutungen oder Hypothesen auf der Grundlage eigener Kenntnisse oder mithilfe zusätzlicher Materialien auf ihre sachliche Richtigkeit bzw. auf ihre innere Logik hin untersuchen

Operator, der Leistungen in allen drei Anforderungsbereichen verlangt:

interpretieren

Sinnzusammenhänge aus Quellen erschließen und ein begründetes Sachurteil oder eine Stellungnahme abgeben, die auf einer Analyse beruhen

Operatoren zusammengestellt nach: http://db2.nibis.de/1db/cuvo/datei/ge_go_kc_druck_2017.pdf (Zugriff: 11. November 2019)

Tipps für den richtigen Umgang mit den Operatoren und den Aufgaben im Buch:

• Ausführliche Erklärungen mit Beispielen zu den einzelnen Operatoren bietet die Übersicht auf Seite 66 bis 73.
• Zu Aufgaben, die mit einem H (= Helfen) oder F (= Fordern) im Schulbuch gekennzeichnet sind, finden Sie auf Seite 87 bis 89 Hinweise und weitere Informationen.

2.2 Hilfen zum richtigen Umgang mit den Operatoren

Anforderungsbereich I (Reproduktion)

Operator	Was ist zu beachten?	Wie ist vorzugehen?
beschreiben	Der Operator wird häufig sowohl bei Bildquellen wie Gemälden, Karikaturen oder Fotografien als auch bei Statistiken verwendet. Als Vorbereitung für eine anschließende Analyse soll das Material in **nachvollziehbarer** und **strukturierter Form** in seinen **Einzelheiten** (in der Regel Bildelemente und deren Beziehungen zueinander) vorgestellt werden. Eine Analyse oder Erklärung ist hier noch nicht vorzunehmen, also was z. B. die einzelnen Elemente einer Bildquelle oder einer Statistik im historischen Kontext für eine Bedeutung haben oder wie die Darstellung zu beurteilen ist. Klar identifizierbare Personen dürfen aber bereits als solche benannt werden.	Kreisen Sie das Ihnen wesentlich erscheinende Element des Materials ein und verfassen Sie ausgehend davon eine Beschreibung. Das zentrale Element ist z. B. bei einer **Bildquelle** daran zu erkennen, dass es oft in klarer Beziehung zu den anderen Bildelementen steht. Davon ausgehend können Sie dann die übrigen Bestandteile des Materials und die Bildebenen (Vordergrund, Hintergrund) in ihrem Inhalt beschreiben. Bei **Statistiken** empfiehlt es sich, auf die dort oft dargestellte Entwicklung einzugehen. Das gilt auch für dynamische **Karten** (z. B. eine Karte, die die Expansion Roms oder die „Entdeckungsfahrten" der Frühen Neuzeit zeigt). **Beispiel:** Im Zentrum des um 1877 entstandenen Historiengemäldes des Künstlers Anton von Werner steht Martin Luther in aufrechter Haltung und legt seine rechte Hand aufs Herz. Sein Blick ist Kaiser Karl V., der auf seinem Thron im Schatten sitzt, zugewandt. Im Bildhintergrund befinden sich ... usw.
gliedern	Der Operator ist dafür gedacht, einen **Sachverhalt vorzustrukturieren** und zu **ordnen**, um ihn leichter greifbar zu machen. Das kann zum Beispiel die Einteilung eines zeitlichen Verlaufes in bestimmte Phasen sein. In Bezug auf einen vorgegebenen Text wird durch die Gliederung die Vorarbeit für eine Zusammenfassung bzw. eine Textwiedergabe geleistet. Oft wird der Operator daher bei Texten verwendet, in denen die zugrunde liegende inhaltliche Struktur zunächst nicht so einfach zu erkennen ist oder sich verschiedene Aspekte überlagern.	Falls keine Gliederungskategorien durch die Aufgabenstellung vorgegeben sind, wählen Sie **prägnante Begriffe** aus, die aus dem Text heraus deutlich werden. Geben Sie dann die **Zeilen** an, in denen Informationen, die zu diesen Begriffen gehören, benannt werden. Die Begriffe können dann jeweils den Ausgangspunkt für eine Textwiedergabe oder Zusammenfassung bilden. Zusätzlich werden auch Wertungen und Einstellungen der Autorin/des Autors wiedergegeben bzw. zusammengefasst. **Beispiel:** In einem Brief an seine Ordensbrüder in Europa berichtet der Franziskaner Pedro de Gante aus Mexiko-Stadt 1529 über die Missionierung der indigenen Bevölkerung. Der Autor schreibt zunächst über den alten Glauben der Einheimischen (Belegstelle: Zeilenangabe). Anschließend thematisiert er die verschiedenen Strategien der Missionierung der indigenen Bevölkerung. Dabei nennt er die Massentaufen (Belegstelle: Zeilenangabe), den Unterricht und die Ausbildung der Einheimischen zu Missionaren (Belegstelle: Zeilenangabe) und deren Vorgehen bei der Missionierung (Belegstelle: Zeilenangabe).
wiedergeben	Ähnlich wie beim Operator „zusammenfassen" (siehe Seite 67) geht es hier darum, zu zeigen, dass Sie den **Inhalt** eines vorgegebenen Textes **verstanden** haben. Allerdings sollen die Inhalte dabei nicht reduziert, sondern **strukturiert** in ihrer Gänze wiedergegeben werden. Meist wird dieser Operator bei Texten verwendet, die einen hohen Informationsgehalt und wenige Wiederholungen aufweisen, oft auch sprachlich anspruchsvoller sind und quasi „**übersetzt**" werden müssen. Dies kann z. B. für Quellen gelten, die aus einer weiter zurückliegenden Epoche stammen. Auch hier soll der Inhalt des vorliegenden Textes weder von Ihnen erläutert noch bewertet werden. Sie verfassen Ihre Textwiedergabe also wie ein **distanzierter Beobachter**.	Teilen Sie den Text, der wiedergegeben werden soll, in **Sinnabschnitte** ein. Notieren Sie an den Rand des jeweiligen Sinnabschnitts einen Satz, der die Inhalte des Abschnitts in die **moderne Fachsprache** „übersetzt". Um die sprachliche Distanz zum Ausdruck zu bringen, verwenden Sie bei der anschließenden Formulierung der Wiedergabe den **Konjunktiv**. **Beispiel:** Der portugiesische Seefahrer Vasco da Gama berichtet, dass bei der Ankunft seiner Flotte an der Küste von Kalikut im Jahre 1498 zunächst Abgesandte in vier Booten zu ihm gekommen seien, die ihn und sein Gefolge nach ihrer Herkunft gefragt hätten.

Operator	Was ist zu beachten?	Wie ist vorzugehen?
zusammenfassen	Der Operator ist oft in der ersten Aufgabe bei schriftlichen Arbeiten anzutreffen. Hier sollen Sie zeigen, dass Sie den **Inhalt** eines Textes **verstanden** haben und damit in der Lage sind, diesen **gekürzt** und **in eigenen Worten** wiederzugeben. Zu beachten ist dabei, dass Sie den Text auf die **wichtigsten Aussagen** reduzieren und diese dann anführen. Die Inhalte des zu untersuchenden Textes sollen weder von Ihnen erläutert noch bewertet werden. Sie schreiben Ihre Zusammenfassung wie ein **distanzierter Beobachter**.	Teilen Sie den Text, der zusammengefasst werden soll, im Vorfeld in **Sinnabschnitte** ein. Schreiben Sie an den Rand des jeweiligen Sinnabschnitts eine **Überschrift** oder einen **Satz**, der den Inhalt des Abschnitts auf den Punkt bringt. Um die sprachliche Distanz zu unterstreichen, verwenden Sie bei der anschließenden Formulierung der Zusammenfassung den **Konjunktiv**. **Beispiel**: Der Historiker Manfred Hettling erläutert in einer Fachpublikation, dass der Begriff „Wende" passender als der Begriff „Revolution" für die Zeit von 1989/90 sei.

Anforderungsbereich II (Reorganisation und Transfer)

Operator	Was ist zu beachten?	Wie ist vorzugehen?

analysieren	Mithilfe dieses Operators soll ein Material auf bestimmte Aspekte hin untersucht werden, um seine **inhaltliche Aussagekraft** thematisch **zielgerichtet zu erfassen**. Die Aspekte sind in der Regel direkt aus dem Material zu ersehen. Bei manchen Materialien bietet es sich auch an, diese in Hinblick auf mehrere Aspekte zu analysieren und dann zu einem Gesamtbild zusammenzufügen. Wichtig ist es, die Untersuchungsergebnisse anschließend zu **ordnen** und **strukturiert darzustellen**. Außerdem muss – zum Beispiel durch ein Zitat mit Zeilenangabe bzw. ein Bildelement oder einen Zahlenwert – das entsprechend erfasste Ergebnis der Untersuchung am Material **belegt** werden.
	    Genau wie bei „charakterisieren" und „herausarbeiten" (siehe Seite 68 und 69) wird der Operator „analysieren" zur **inhaltlichen Erschließung** eines Materials genutzt. Damit werden diese Operatoren seltener in normalen schriftlichen Arbeiten eingesetzt. Allerdings können sie in umfangreicheren schriftlichen Arbeiten (z.B. im Abitur) als **Vorbereitung**, **Nachbereitung** oder **Verbindung** zu einer anderen weiteren Aufgabe aus dem Anforderungsbereich II (wie „erläutern"; siehe Seite 68 f.) genutzt werden. So kann z.B. eine inhaltliche Erläuterung der jeweils erschlossenen Aspekte gefordert sein oder eine Untersuchung eines Materials in Bezug auf zuvor in einer anderen Aufgabe erläuterte Inhalte.
		Gehen Sie das Material durch, indem Sie Ihre „Analysebrille" aufsetzen und die Elemente (Textpassagen, Bildelement oder Zahlenwerte) **markieren**, in denen Aussagen zu ihrem Untersuchungsaspekt auftauchen. Fügen Sie diese Elemente zusammen und wählen Sie eine **geeignete Struktur**, mit der Sie Ihre Ergebnisse geordnet darstellen wollen.
		
		Beispiel: Analysieren Sie die Motive (Kriterium) der handelnden Gruppen, die in der spätmittelalterlichen Chronik in Bezug auf den Umgang mit der jüdischen Bevölkerung genannt werden.
		    Eine denkbare Antwort: In der Chronik wird ein entscheidendes Motiv für die Ermordung der jüdischen Bevölkerung durch die Stadtbevölkerung genannt: „Was man den Juden schuldete, galt als bezahlt" (Belegstelle: Seiten- und/oder Zeilenangabe). Die Pest bot den Stadtbürgern einen Anlass, die Juden als Sündenböcke darzustellen und sich so ihrer Schulden zu entledigen. Dies gilt auch für die „Landesherren", die als „Schuldner" (Belegstelle: Seiten- und/oder Zeilenangabe) erwähnt werden.
		    Die ablehnende Haltung der Stadträte gegenüber den Mordaktionen gegen die jüdische Bevölkerung, die in … (Belegstelle: Seiten- und/oder Zeilenangabe) nachzulesen ist, erklärt sich daraus, dass die jüdische Gemeinde in den Städten regelmäßig Schutzgeldzahlungen an den jeweiligen Stadtrat leistete.

charakterisieren	Ähnlich wie beim Operator „analysieren" soll auch hier **ein Aspekt** in einem Material **zielgerichtet untersucht** werden. Während bei einer Analyse eher sachorientiert vorzugehen ist, stehen bei einer Charakterisierung **Eigenarten und Merkmale** im Vordergrund, die sich häufig auf einer Werteebene bewegen. Die untersuchten Eigenschaften lassen sich oft mit **Adjektiven** belegen, die die Eigenarten beschreiben und sich im Endergebnis zu einem „Gesamtbild" bzw. einer Gesamtwirkung zusammenfügen. Dazu ist es wichtig, die Untersuchungsergebnisse zu **ordnen** und **strukturiert darzustellen** und auch ein **Fazit** zu ziehen. ▶ nächste Seite	Betrachten Sie das Material durch Ihre „Analysebrille" und **markieren** Sie die Elemente (Textpassagen), in denen Aussagen zu Ihrem Untersuchungsaspekt auftauchen. **Belegen** Sie die Aussagen auch mit passenden Adjektiven, die sich z.B. aus der Bewertung des Autors oder Ihrem eigenen Eindruck ergeben. Fügen Sie anschließend die Elemente zusammen und suchen Sie eine **Struktur**, mit der Sie Ihre Ergebnisse geordnet darstellen wollen. Wichtig ist dabei, auch die **Gesamtwirkung** zu erfassen, die der Sachverhalt nach der Untersuchung entfaltet. **Beispiel**: Charakterisieren Sie die Vorgehensweise (Kriterium) der Franziskaner bei der Missionierung der indigenen Bevölkerung in Spanischamerika. Eine mögliche Antwort: Die Vorgehensweise lässt sich als oberflächlich (Adjektiv) charakterisieren, da in … ▶ nächste Seite

Operator	Was ist zu beachten?	Wie ist vorzugehen?
charakterisieren	Dabei kann eine erste Bewertung der Ergebnisse erfolgen. Außerdem ist – zum Beispiel durch ein Zitat mit Zeilenangabe – das **Ergebnis** der Untersuchung auf Basis des Materials zu **belegen**.	(Belegstelle: Seiten- und/oder Zeilenangabe) deutlich wird, das Teile der indigenen Bevölkerung, die zuvor mit dem christlichen Glauben noch nicht in Berührung gekommen sind, sehr schnell zu Missionaren ausgebildet werden. Sie gehen wiederum auch gewalttätig (*Adjektiv*) vor, da sie „Götzenbilder" und „Tempel" des alten Glaubens ohne Zögern zerstören (Belegstelle: Seiten- und/oder Zeilenangabe). Insgesamt erscheint die Missionierung eher darauf abzuzielen, möglichst viele Menschen zu erfassen. Die Akzeptanz des christlichen Glaubens durch die einheimische Bevölkerung aus Überzeugung und dessen Durchdringung scheinen eher zweitrangig zu sein.
einordnen	Dieser Operator ist verwandt mit dem Operator „erläutern" (siehe weiter unten), aber von der Aufgabenstellung her enger gefasst. Es geht darum, **Einzelaspekte** in einen größeren **historischen Zusammenhang** zu stellen. Durch eine Erläuterung dieser Zusammenhänge, in den der Aspekt eingeordnet wird, zeigen Sie dann, dass Sie **wissen** und **begründen** können, warum der Aspekt in diesen Zusammenhang passt. Daher wird dieser Operator auch gern für schriftliche Arbeiten gewählt.	Es bietet sich zunächst an, eine **Mindmap** zu erstellen. Gehen Sie dabei von einem Einzelaspekt aus, der sich z. B. in einem vorgegebenen Material findet, und suchen Sie weitere Aspekte, die mit ihm in Beziehung stehen. Oft geht es dabei um historische Ereignisse und Prozesse, die als Ursache des Sachverhalts zeitlich vorher abliefen oder als Wirkungen und Folgen zeitlich danach stattfanden. So ergibt sich der **Gesamtzusammenhang**, den Sie dann umfassend in Ursachen und Folgen erläutern. **Beispiel:** In seiner Schrift „An den christlichen Adel deutscher Nation von des christlichen Standes Besserung" aus dem Jahre 1520 erklärt Martin Luther, dass alle Christen geistlichen Standes seien. Er erkennt damit die Überordnung des geistlichen Standes über den weltlichen Stand nicht mehr an. Für ihn sind alle Getauften Priester (*Ausgangspunkt*). Diese Feststellung ist eine Reaktion auf die Missstände innerhalb der Kirche z. B. in Bezug auf Simonie (Ämterkauf) und kanonische Gerichtsbarkeit, die die folgenden Auswirkungen hatten … (*Ursachen*). Mit seiner Lehre vom allgemeinen Priestertum erhöht Luther den Status des Laien und verhilft dem weltlichen Stand, sich aus seiner Unmündigkeit zu befreien. Diese Erkenntnis aus Luthers Adelsschrift ermöglicht z. B. den Fürsten des Heiligen Römischen Reiches sich als „Notbischöfe" zu verstehen, die somit die Struktur der Kirche in ihren Territorien ganz neu ordnen konnten … (*Folgen*).
erklären	Der Operator ist eine **Vorstufe des Erläuterns**, daher sind im Prinzip dieselben Aspekte zu beachten (siehe unten). Allerdings steht der Materialbezug hier weniger im Vordergrund. Gleichwohl geht es aber auch darum, **Wissen gezielt anzuwenden**. Ein Sachverhalt ist so darzustellen, dass seine Voraussetzungen, Ursachen und Folgen verständlich werden. Sie sollen also die **Gründe** oder die **Zusammenhänge** von etwas **aufzeigen**.	Grundsätzlich gelten hier dieselben Anregungen wie beim Operator „erläutern" (siehe unten). Allerdings können die Sachverhalte abgekoppelt von konkreten Materialbezügen dargestellt werden. So kann z. B. die **Gesamtaussage eines Materials** Ausgangspunkt einer Erklärung sein. **Beispiel:** Erklären Sie, was das vom spanischen Kronjuristen Palacios Rubios 1513 entworfene Requerimiento für die Gebietsansprüche anderer europäischer Mächte bedeutet. Eine denkbare Antwort: Der Text des Requerimiento gaukelt vor, die indigene Bevölkerung hätte eine Möglichkeit, sich mit den Spaniern friedlich zu einigen. Dadurch erhielt die spanische Eroberung den Anschein der Rechtmäßigkeit. Das Requerimiento etablierte also ein Verfahren, welches der spanischen Krone gegenüber anderen europäischen Mächten die Behauptung ermöglichte, die Eroberung sei rechtmäßig, weil sie erst nach Unterweisung der Einheimischen vollzogen worden sei.
erläutern	Der Operator taucht häufig in schriftlichen Arbeiten auf. Dabei sollen Sachverhalte, die in Textquellen, aber auch in Materialien wie Statistiken oder Bildern angesprochen werden, in ihren **Hintergründen erklärt** werden. ▶ nächste Seite	Bei diesem Operator ist es wichtig, *nicht* nur einfach **Wissen** unstrukturiert und aneinandergereiht wiederzugeben. Sie sollen zeigen, dass Sie Ihr Wissen, das zur Bearbeitung der Aufgabe benötigt wird, abrufen können, um dann zielgerichtet die Sachverhalte zu erläutern. ▶ nächste Seite

Operator	Was ist zu beachten?	Wie ist vorzugehen?
erläutern	Das eigene Sachwissen ist zu nutzen, um zielgerichtet z. B. einzelne relevante Textpassagen, Bildelemente oder Daten in ihrer **tieferen Bedeutung** umfassend darzustellen. Hier zeigen Sie also, dass Sie Ihre **Kenntnisse kompetent anwenden** können. Der Operator beinhaltet zwar auch den Operator „erklären" (siehe Seite 68), geht jedoch über ihn hinaus. So sollen nicht nur **Theorien** (wie z. B. Theorien zu Krisen oder Transformationsprozessen), sondern auch **historische Beispiele** herangezogen werden, um die entsprechenden Sachverhalte zu veranschaulichen.	In einem ersten Schritt ist das vorgegebene Material daraufhin zu untersuchen, zu welchen Textpassagen, Bildelementen oder Daten Sie **Hintergründe** erläutern könnten. Zur Vorstrukturierung bietet es sich an, z. B. eine **Mindmap** zu erstellen und den gewählten Passagen schlagwortartig Sachinhalte zuzuordnen. Diesen Sachinhalten können noch weitere Inhalte zugeordnet werden, sodass sich ein umfassendes Beziehungsgeflecht ergibt. Nach einer von Ihnen gewählten Reihenfolge kann dann ausgehend vom Material die Erläuterung mit **Beispielen und Belegen** formuliert werden. **Beispiel**: Den Ausgangspunkt der Erläuterung bildet eine Textpassage aus dem 1513 verfassten Requerimiento. Dort wird von der indigenen Bevölkerung verlangt, die Kirche als obersten Herrn der gesamten Welt anzuerkennen. Eine mögliche Erläuterung dazu könnte folgendermaßen aussehen: Die spanische Krone will damit eine Rechtsgrundlage für ihre Herrschaft in Amerika schaffen. Sie hatte durch die päpstliche Bulle „Inter caetera divinae" (1493) und den Vertrag von Tordesillas (1494) die Herrschaft in den „neu entdeckten" Territorien, die sich in dem ihnen zugewiesenen Bereich befanden, zugesprochen bekommen – also letztlich auch vonseiten der Kirche. Daher ist es wichtig, dass die indigene Bevölkerung missioniert wird und sich zum „heiligen katholischen Glauben" bekennt (Belegstelle: Seiten- und/oder Zeilenangabe), um damit – in der Vorstellung der spanischen Krone – auch die neue Herrschaftsordnung verbindlich anzuerkennen. Deswegen wird sogar mit Vergünstigungen und Rechten im Fall eines Übertritts zum Christentum geworben (Belegstelle: Seiten- und/oder Zeilenangabe).
gegenüberstellen	Dieser Operator ist eine **Vorstufe zum Operator** „vergleichen" (siehe Seite 70 f.). Hier geht es aber ausschließlich darum, die **Unterschiede und Gegensätze** von Sachverhalten oder Materialien anhand **bestimmter Kriterien** herauszustellen.	Es empfiehlt sich, zunächst eine **Tabelle** anzulegen. Eine Spalte sollte sich auf den ersten Sachverhalt bzw. das erste Material und die andere auf den zweiten Sachverhalt bzw. das zweite Material beziehen. Anhand des in der Aufgabe formulierten Kriteriums werden nun beide Sachverhalte bzw. Materialien auf die gegensätzlichen Aspekte hin untersucht und diese jeweils in den entsprechenden Sichtweisen – am besten mit **Belegstellen** aus dem Material – stichpunktartig in die Tabelle eingetragen. Mithilfe dieser Vorstrukturierung können Sie dann die Gegenüberstellung ausformulieren. **Beispiel**: Während der sowjetische Staatspräsident Michail Gorbatschow Reformen (*Kriterium*) in der Sowjetunion anmahnt, schließt Erich Honecker auf einer Politbürositzung im Februar 1989 diese für die DDR mit den Worten „wir sind doch nicht daran interessiert, dass wir Rückstände wieder […] als Ziel angehen […]" aus (Belegstelle: Seiten- und/oder Zeilenangabe).
herausarbeiten	Während beim Operator „analysieren" (siehe Seite 67) die Aspekte, die aus einem Material erschlossen werden sollen, direkt zu erkennen sind, muss beim Operator „herausarbeiten" erst „**zwischen den Zeilen**" gelesen werden, um die Aussage eines Materials zu erfassen. Genauso wie beim Operator „analysieren" werden einem dabei **bestimmte Kriterien** an die Hand gegeben, anhand derer die Untersuchung erfolgen soll.	Wie bei den Operatoren „analysieren" und „charakterisieren" ist es auch beim Operator „herausarbeiten" hilfreich, sich das **Untersuchungskriterium**, das in der Aufgabenstellung genannt wird, klar zu machen. Achten Sie bei der Bearbeitung des Textes auf **Andeutungen** oder **subtile Bewertungen**, die der Autor/die Autorin vornimmt, und ziehen Sie daraus Ihre Erkenntnisse. **Beispiel**: Arbeiten Sie aus dem Bericht des Sekretärs des Herzogs von Aragón im Jahre 1517 heraus, wie er Leonardos Arbeiten beurteilt (*Kriterium*). Die relevante Textstelle in dem Bericht lautet: „Dieser Herr hat eine besondere (*Wertung*) Abhandlung über den Körperbau zusammengestellt […], so wie noch kein anderer Mensch es jemals getan hat (*Wertung*)" (Belegstelle: Seiten- und/oder Zeilenangabe). ▶ nächste Seite

Operator	Was ist zu beachten?	Wie ist vorzugehen?
	◀ vorherige Seite	Fazit: Der Sekretär stellt das einzigartige Talent Leonardos heraus. Er hat etwas geschaffen, was noch niemand vor ihm geschafft hat, seine Arbeit ist also besser als die Anderer.
in Beziehung setzen	Wenn dieser Operator in einer Aufgabe verwendet wird, sind **Zusammenhänge** zwischen Sachverhalten, die in **verschiedenen Materialien** zu finden sind, herzustellen. Häufig soll dabei untersucht werden, in welcher Art der Sachverhalt in dem jeweils anderen Material erscheint und ob sich ggf. in der inhaltlichen Aussage Veränderungen zeigen. Es kann aber auch sein, dass in einem Material der Sachverhalt selbst analysiert wird und dann in Beziehung zu einem Material gesetzt werden soll, welches bereits die Folgen oder Ursachen dieses Sachverhaltes thematisiert. In jedem Fall ist es notwendig, die jeweils herausgestellten Zusammenhänge nachvollziehbar zu **erläutern**.	Analysieren Sie zunächst das Ausgangsmaterial nach den gesuchten Aspekten und listen Sie diese **stichpunktartig** auf (ähnlich wie beim Operator „nachweisen", siehe unten). Untersuchen Sie dann das andere Material daraufhin, inwiefern ein **Zusammenhang** zu den herausgestellten Aspekten erkennbar ist. Fassen Sie anschließend den jeweiligen Zusammenhang in Worte und erläutern Sie ihn. **Beispiel:** In dem Ende des 16. Jahrhunderts veröffentlichten Kupferstich von Theodor de Bry „Kolumbus betritt amerikanischen Boden" (*Ausgangsmaterial*) sind gleich mehrere Ereignisse zu erkennen, die sich in dem durch Bartolomé de Las Casas überlieferten „Bordbuch des Kolumbus" (*Bezugsmaterial*) an verschiedenen Tagen wiederfinden. So wird die Flucht der indigenen Bevölkerung vor der ankommenden Flotte des Kolumbus, die im Hintergrund des Kupferstiches zu sehen ist, im Bordbuch am … erwähnt. Der Stich soll also in der Rückschau einen visuellen Überblick über verschiedene Ereignisse geben (*Erläuterung*).
nachweisen	Hier wird verlangt, ein Material auf **bekannte historische Inhalte** hin zu untersuchen (z. B.: Finden sich Aspekte von Martin Luthers Lehre in dem vorliegenden Text?). Außerdem ist genau aufzuzeigen, an welcher Stelle im Material die gesuchten Aspekte stehen. In schriftlichen Arbeiten ist dieser **Beleg** dann auch durch eine **Erläuterung** zu begründen.	Vergewissern Sie sich zunächst, welche **Aspekte** den historischen Inhalt, der nachgewiesen werden soll, ausmachen. Notieren Sie sich diese Aspekte und untersuchen Sie das Material daraufhin, ob der Inhalt direkt oder indirekt angesprochen wird. Formulieren Sie dann den Nachweis und nennen Sie die **Belegstelle**. Erläutern Sie anschließend, warum Sie diese Stelle gewählt haben. **Beispiel:** Das Motto der Humanisten „ad fontes", was übersetzt so viel wie „zu den Quellen" bedeutet (*Aspekt des gesuchten historischen Inhaltes*), lässt sich in Luthers Adelsschrift von 1520 nachweisen. Der Reformator bezieht sich bei seiner Aussage, dass alle Christen geistlichen Standes sind, auf eine Textpassage aus der Bibel (Belegstelle: Seiten- und/oder Zeilenangabe). Seine Überlegungen gehen also – wie es die Humanisten forderten – auf ein Studium der Quellen zurück, um der Wahrheit näher zu kommen. Dies steht auch in Verbindung zu dem auf Luther zurückgehenden Begriff „sola scriptura" (dt.: „allein durch die Schrift"), wonach die Bibel als einzige Quelle des christlichen Glaubens gilt (*Erläuterung*).
vergleichen	Bei einem Vergleich ist es wichtig, **Unterschiede**, **Ähnlichkeiten** und **Gemeinsamkeiten** zwischen Sachverhalten bzw. Materialien anhand **bestimmter Kriterien** darzustellen. Oft bleibt die Bearbeitung unvollständig, da z. B. nur auf die Unterschiede Bezug genommen wird.	Erstellen Sie eine **Tabelle** mit den Spalten „Gemeinsamkeiten", „Ähnlichkeiten" und „Unterschiede". Untersuchen Sie nun die Sachverhalte bzw. Materialien anhand des **Vergleichskriteriums** und tragen Sie Ihre Ergebnisse stichpunktartig – am besten mit den **Belegstellen** aus dem Material – in die Tabelle ein. Im Anschluss können Sie anhand dieser Vorstrukturierung den Vergleich ausformulieren. **Beispiel:** Der um 1450 erfundene Buchdruck mit beweglichen Lettern weist in seiner Wirkung (*Kriterium*) insofern *Gemeinsamkeiten* mit dem heutigen Internet auf, dass er eine Eigendynamik in der Verbreitung von Medien und Informationen auslöste. Was heute E-Mails oder Tweets leisten, erfüllten damals Flugschriften und -blätter als Massenmedien. Beiden Entwicklungen gemein ist zudem eine stärkere Vernetzung der Welt (*Ähnlichkeit*), auch wenn das Internet in viel größerem Ausmaß dazu beigetragen hat. *Unterschiede* ergeben sich hinsichtlich der Autorenschaft und des Konsums: Die Kosten des Drucks von Schriften und Flugblättern waren immer noch so hoch, ▶ nächste Seite

Operator	Was ist zu beachten?	Wie ist vorzugehen?
vergleichen	◄ vorherige Seite	dass nicht jeder Mensch sich diese leisten konnte. Hinzu kam auch noch die geringe Alphabetisierungsrate zu Beginn der Entwicklung. Informationen und Nachrichten wurden also nur von einem Teil der Bevölkerung veröffentlicht und je nach Adressaten von einem größeren oder kleineren Kreis rezipiert. Das Internet ermöglicht jedoch, dass jeder Mensch zum Autor werden kann, ungeachtet der finanziellen oder literarischen Fähigkeiten.

Anforderungsbereich III (Reflexion und Problemlösung)

Operator	Was ist zu beachten?	Wie ist vorzugehen?
beurteilen	Es soll zu einem historischen Sachverhalt oder Prozess ein **begründetes Sachurteil** formuliert werden. Ein persönlicher Wertebezug wird nicht verlangt. Der Fokus ist in der Regel auf die Vergangenheit gerichtet. Es wird geprüft, ob der Sachverhalt/Prozess in der betrachteten Zeit in der Gesellschaft gerechtfertigt (legitim) bzw. stimmig oder nützlich (effizient) war, z.B. in Bezug auf wirtschaftliche oder politische Vorgänge. Wichtig ist aus der **Perspektive der Zeit** zu urteilen, in der der Gegenstand, der beurteilt werden soll, in Erscheinung tritt. Entscheidend sind vor allem die **Argumente** bei der Beurteilung. Anhand **bestimmter Kriterien** wie beispielsweise Effizienz, Stimmigkeit oder Legitimität sollen historische Fakten und Beispiele angeführt werden und als Begründungen für das Urteil dienen. Je deutlicher erläutert wird, warum das Beispiel oder der Sachverhalt das eigene Urteil unterstützt, umso besser. Es können übrigens sowohl Argumente für als auch gegen die eigene Position in die Bearbeitung einfließen. Anders als bei „erörtern" (siehe Seite 72) muss dies aber nicht zwingend sein.	Wählen Sie – falls es nicht schon durch die Aufgabenstellung vorgegeben ist – ein für die Beurteilung sinnvoll erscheinendes **Sachkriterium** (z.B.: Effizienz, Stimmigkeit oder Legitimität) aus. Es sollte dann bei der späteren Formulierung der Beurteilung auch explizit genannt werden. Überprüfen Sie, in welcher Ausprägung die Kriterien bei dem zu untersuchenden Gegenstand vorliegen, und überlegen Sie anschließend, welche **Position** Sie vertreten wollen. Sammeln Sie im Anschluss daran Ihre Argumente stichpunktartig und achten Sie darauf, **historische Sachverhalte** *und* Beispiele anzuführen. Generell müssen Sie (insbesondere in schriftlichen Arbeiten) auch das Material, zu dem die Aufgabe gestellt ist, zur Unterstützung Ihrer Argumentation oder als Ausgangspunkt für die Beurteilung einbeziehen. Beim Verfassen der Beurteilung sollten Sie daher mit **Zitaten** aus oder **Bezügen** zum Material (Zeilenangaben) arbeiten. Am Ende der Bearbeitung sollte ein **Fazit** stehen, das die zentralen Argumente noch einmal prägnant zusammenfasst und die eigene Position auf den Punkt bringt. Als **Faustregel** gilt: Nicht das Urteil an sich entscheidet darüber, ob die Bearbeitung gelungen ist, sondern die Qualität und Nachvollziehbarkeit der Argumente, anhand derer das eigene Urteil begründet wird. **Beispiel:** Die Umsiedlung der indigenen Bevölkerung in Dörfern und Gemeinden, wie es auch der Vizekönig von Peru im 16. Jahrhundert dem spanischen König berichtete (Belegstelle: Seiten- und/oder Zeilenangabe), war in Bezug auf die Ziele der Spanier durchaus effizient (*Kriterium*). Auf diese Weise konnte die indigene Bevölkerung besser durch die Spanier kontrolliert und missioniert werden. Mit der Annahme des christlichen Glaubens wurde so auch die gottgegebene Herrschaft der Spanier von der indigenen Bevölkerung akzeptiert (*Argument*).
entwickeln	Anders als bei den anderen Operatoren im Anforderungsbereich III verbleibt der Operator „entwickeln" nicht nur bei einer **Beurteilung** eines Sachverhalts oder einer Problemstellung. Darüber hinaus sind Sie hier aufgefordert, eine **eigene Einschätzung** des Sachverhalts darzulegen und ggf. sogar ein **Lösungsmodell** für die vorliegende Problemstellung zu konstruieren. Oft ist hier das Einnehmen einer **Gegenposition** hilfreich, um aus dieser eine Alternative zu dem vorgelegten Problem oder dem Sachverhalt zu gewinnen. Formate wie die Gegenrede oder der Leserbrief bieten sich hier als Rahmen zur Ausformulierung der Ergebnisse an.	Machen Sie sich zunächst die **Sachverhalte**, die **Problemstellungen** und **Wertungen** klar, die sich aus dem Material, das Sie bearbeiten, ergeben (z.B. durch die Analyse eines Textes oder einer Karikatur). Überlegen Sie nun jeweils Möglichkeiten, die Aspekte anders zu sehen bzw. anders mit ihnen umzugehen. Finden Sie **Argumente** dafür, dass diese Alternativen eine tragfähigere Strategie darstellen, das vorliegende Problem zu lösen. Gehen Sie dabei auf prägnante Punkte im vorliegenden Material ein, und stellen Sie daraufhin Ihre **Alternative** begründet vor. Im abschließenden **Fazit** bringen Sie Ihr Lösungsmodell dann noch einmal auf den Punkt. **Beispiel:** In seiner Rede am 10. Oktober 1991 zum bevorstehenden Kolumbus-Tag verweist US-Präsident George Bush darauf, dass die „Entdeckung" Amerikas ► nächste Seite

Operator	Was ist zu beachten?	Wie ist vorzugehen?
entwickeln	◀ vorherige Seite	durch Christoph Kolumbus zu einem „Austausch von Wissen, Ressourcen und Ideen zwischen der Alten und der Neuen Welt" geführt habe (Belegstelle: Seiten- und/oder Zeilenangabe). Seine Aussage erweckt den Eindruck, hier habe ein gleichberechtigter Austausch bzw. Handel stattgefunden (*Bezug zum Text*). Das war aber nicht der Fall (*Gegenposition*). Wissen aus der „Alten Welt" wie z.B. der Bergbau wurden von Spaniern vorrangig in die „Neue Welt" gebracht, um Ressourcen der indigenen Bevölkerung einseitig und unter menschenunwürdigen Arbeitsbedingungen auszubeuten (*Argument*). In einer Rede zum Kolumbus-Tag muss auf dieses ungerechte Missverhältnis aus Gründen der Wahrhaftigkeit hingewiesen werden, auch wenn langfristig die „Neue Welt" auch von neuen Techniken profitieren konnte. Zudem wäre hier eine Entschuldigung für die Ausbeutung der einheimischen Bevölkerung angebracht (*alternatives Lösungsmodell*).
erörtern	Eine Erörterung erfolgt zu einer vorgegebenen Problemstellung, die meist als eine **These/ Position** vorgegeben ist. Wie beim Operator „sich auseinandersetzen" (siehe unten) steht es einem offen, ob man ein **Sach- oder Werturteil** verfassen möchte, es sei denn, die Aufgabenstellung gibt dies bereits vor. Anders als bei den Operatoren „beurteilen", „Stellung nehmen" oder „sich auseinandersetzen" ist es hier zwingend erforderlich, eine **abwägende Auseinandersetzung/Beurteilung** zu gestalten. Bevor die eigene Position im abschließenden **Fazit** auf den Punkt gebracht wird, müssen also sowohl Argumente für als auch gegen die vorgegebene These/ Position gesammelt, gewichtet und begründet werden.	Wählen Sie – falls es nicht schon durch die Aufgabenstellung vorgegeben ist – ein Ihnen für die Aufgabe sinnvoll erscheinendes **Sach- oder Wertekriterium** für die Beurteilung aus (z.B. Effizienz, Stimmigkeit oder Legitimität bzw. Freiheit, Sicherheit etc.). Es sollte später bei der Formulierung der Erörterung auch genannt werden. Überprüfen Sie anhand des ausgewählten Kriteriums, welche Argumente für und welche gegen die formulierte These oder die problemorientierte Fragestellung sprechen. Listen Sie die **Pro- und Kontra-Argumente** stichpunktartig mithilfe einer Tabelle auf. Achten Sie auch darauf, historische Sachverhalte *und* Beispiele anzuführen sowie das zur Erörterung vorgegebene Material – wie bei den Operatoren „beurteilen", „Stellung nehmen" und „sich auseinandersetzen" – einzubeziehen. Überlegen Sie anschließend, welche **Position** Sie vertreten wollen. Gewichten Sie die gesammelten Pro- und Kontra-Argumente – beginnend mit dem schwächsten Argument (für die eigene Position) bzw. stärksten Argument (gegen die eigene Position). In dieser Reihenfolge formulieren Sie dann Ihre Erörterung nach dem sogenannten „**Sanduhrprinzip**". Am Ende der Bearbeitung sollte ein **Fazit** stehen, das die zentralen Argumente noch einmal prägnant zusammenfasst und die eigene Position auf den Punkt bringt. Generell gilt als **Faustregel** auch hier: Nicht das Urteil an sich entscheidet darüber, ob die Bearbeitung gelungen ist, sondern die schlüssige Argumentation, anhand derer das eigene Urteil begründet wird. **Beispiel:** Erörtern Sie, ob es sich bei dem „Thesenanschlag" Martin Luthers um einen Wendepunkt in der Geschichte handelt (*problemorientierte Fragestellung*). Mögliche Antwort: Im Sinne der Stimmigkeit (*Sachkriterium*) der These vom „Wendepunkt in der Geschichte" ist festzuhalten, dass bereits vor dem Thesenanschlag von 1517 Reformer wie John Wyclif und Jan Hus ähnliche Ansichten wie Martin Luther gegenüber der Kirche vertraten, z.B. … Luthers Thesenanschlag hatte aber deutlich gravierendere Auswirkungen auf das Heilige Römische Reich und Europa als das Wirken seiner Vorgänger, wie z.B. …
sich auseinandersetzen	Bei diesem Operator steht es Ihnen frei, ob Sie ein **Sach- oder Werturteil** bilden. Anders als beim Operator „Stellung nehmen" (siehe Seite 73) ist es für das Verfassen eines Werturteils also nicht erforderlich, zuvor noch ein Sachurteil zu formulieren. Oft lässt sich bereits schon aus der Aufgabenstellung ablesen, welche Art von Urteil verlangt wird.	Es sind die gleichen Anregungen und Hilfen, wie bei den Operatoren „beurteilen" und „Stellung nehmen" zu beachten. Bei einem **Sachurteil** würden dann jeweils Sachkriterien wie z.B. Legitimität, Stimmigkeit oder Effizienz gelten, während bei einem **Werturteil** Maßstäbe wie Freiheit, Gerechtigkeit etc. herangezogen werden könnten. Wie bereits weiter oben erwähnt, ist auch hier nicht das Urteil entscheidend darüber, ob es sich um eine gelungene Bearbeitung handelt, sondern die **schlüssige Argumentation**, anhand derer das **eigene Urteil** begründet wird.

Operator	Was ist zu beachten?	Wie ist vorzugehen?
Stellung nehmen	Der Operator geht über ein **begründetes Sachurteil** hinaus, da hier zusätzlich ein **Werturteil** gefordert wird. Eine Stellungnahme besteht also im Grunde genommen aus zwei Teilen: Im ersten Teil geht es um Aspekte, die schon unter dem Operator „beurteilen" erklärt worden sind (siehe Seite 71). Im zweiten Teil ist ein Werturteil zu formulieren, bei dem eine Beurteilung aus **heutiger Perspektive** und anhand von **heutigen Wertmaßstäben** (z. B.: Freiheit, Sicherheit, Recht und Gerechtigkeit, Gleichberechtigung, politische Teilhabe, Solidarität) verlangt wird. Entscheidend beim Werturteil sind auch hier die **Argumente**. Je überzeugender diese sind, umso besser.	Zu beachten ist, dass dem Werturteil ein Sachurteil vorgeschaltet ist. Daher gelten hier die gleichen Hinweise wie beim Operator „beurteilen". Im Prinzip kann für das Werturteil das Vorgehen genauso erfolgen, nur dass **heutige Wertmaßstäbe** als Kriterien dienen, die in der Stellungnahme auch benannt werden sollten. Außerdem gilt wieder die **Faustregel**: Nicht das Sach- und anschließende Werturteil an sich entscheiden darüber, ob die Bearbeitung gelungen ist, sondern die Qualität und Nachvollziehbarkeit der Argumente, anhand derer die eigenen Urteile begründet werden. **Beispiel**: Die Umsiedlung der indigenen Bevölkerung in Dörfern und Gemeinden im 16. Jahrhundert war in Bezug auf die Ziele der Spanier durchaus effizient (*Kriterium*). Auf diese Weise konnte die indigene Bevölkerung besser kontrolliert und missioniert werden. Mit der Annahme des christlichen Glaubens wurde so auch die gottgegebene Herrschaft der Spanier von der indigenen Bevölkerung akzeptiert (*Argument für das Sachurteil*). Im Hinblick auf das Kriterium „Freiheit" ist das Vorgehen aus heutiger Sicht abzulehnen. Die Freizügigkeit (freie Wahl des Wohnortes) und die Glaubensfreiheit (*Wertmaßstäbe*) der indigenen Bevölkerung wurden stark eingeschränkt. Es wurde ein willkürlicher Zwang ausgeübt (*Argument für das Werturteil*).
überprüfen	Hier soll ein Sachverhalt daraufhin untersucht werden, ob er die Voraussetzungen für die **Gültigkeit einer Hypothese** erfüllt. Oft wird anhand von Materialien überprüft, ob historische Theorien und Modelle einen Prozess passend beschreiben – z. B. ob ein Sachverhalt als Krise oder Revolution einzuschätzen ist. Anders als beim Operator „nachweisen" (siehe Seite 70) ist nicht sicher, dass sich die Hypothese am Ende wirklich bestätigen lässt bzw. der Prozess nachweisbar ist. Die Überprüfung ist also **offen** und muss auch nicht zu einem eindeutigen Ergebnis führen. Umso wichtiger ist es hier, die Erkenntnisse, die Sie bei der Überprüfung gewonnen haben, durch eine **Erläuterung** zu begründen. Je präziser erläutert wird, warum das Beispiel oder der Sachverhalt die zu überprüfende Hypothese unterstützt oder entkräftet, umso besser.	Formulieren Sie **zentrale Kriterien**, die erfüllt sein müssen, damit die zu überprüfende These Gültigkeit besitzt. Bearbeiten Sie den Sachverhalt/das Material daraufhin, inwieweit diese Kriterien nachweisbar sind. Erfolgt die Überprüfung anhand eines Materials, sollten Sie **relevante Textstellen** oder **Zahlenwerte** vermerken, die Sie später zitieren können. Verfassen Sie strukturiert ihr „**Prüfgutachten**", indem Sie ausgehend vom Sachverhalt/dem Material darlegen, inwieweit die Hypothese erfüllt ist. Begründen Sie Ihre Einschätzung durch Beispiele/Sachwissen. **Beispiel**: Die Entwicklungen in der DDR 1989 brachten einen fundamentalen Systemwechsel (*Kriterium einer Revolution*) für die Bevölkerung. Aus einer faktischen Einparteienherrschaft wurde eine parlamentarische Demokratie, aus einer zentralistischen Planwirtschaft schließlich eine freie Marktwirtschaft (*Argumente*). In diesem Aspekt ist das Kriterium einer Revolution also erfüllt.

Operator, der Leistungen in allen drei Anforderungsbereichen verlangt:

Operator	Was ist zu beachten?	Wie ist vorzugehen?
interpretieren	Der Operator erfordert **Leistungen aus allen drei Anforderungsbereichen**. Zuerst ist nachzuweisen, dass das Material verstanden worden ist. Das bedeutet, dass zunächst eine Beschreibung, Zusammenfassung oder Wiedergabe der Inhalte des Materials in eigenen Worten erfolgt. Danach soll anhand von bestimmten Kriterien das Material auf seine Inhalte hin analysiert und diese mithilfe des eigenen Fachwissens erläutert werden. Die Kriterien können in der Aufgabenstellung vorgegeben sein oder müssen selbst festgelegt werden. Zum Schluss sind die Aussagen, die sich aus dem Material ergeben, zu beurteilen. Dabei soll immer ein Sachurteil erfolgen, das noch um ein Werturteil ergänzt werden kann, aber nicht muss.	Es empfiehlt sich, **schrittweise vorzugehen** und die jeweiligen **Teile der Bearbeitung auszuformulieren**. Beginnen Sie mit der Beschreibung, Zusammenfassung oder Textwiedergabe, anschließend folgen die Analyse und Erläuterung bezogen auf ein Untersuchungskriterium. Zuletzt ist die Beurteilung oder Stellungnahme in Hinblick auf das zuvor Untersuchte vorzunehmen. **Hilfen** zur jeweiligen Vorstrukturierung befinden sich bei den entsprechenden Operatoren. **Beispiel** *(für eine Aufgabenstellung):* Interpretieren Sie die Wandmalerei „Landung der Spanier in Veracruz" von Diego Rivera aus dem Jahre 1951 im Hinblick auf ihre Aussagekraft bezüglich der Folgen der spanischen Kolonisation (*Untersuchungskriterium*).

2.3 Gewusst wie: Lerntipps fürs Abitur

Kennen Sie das auch: Sie stehen kurz vor der Abiturprüfung und wissen nicht, wie Sie sich die ganze Stofffülle merken sollen? Typische Eselsbrücken aus dem Geschichtsunterricht wie „Sieben, fünf, drei – Rom schlüpft aus dem Ei" oder „Zehn, sieben, sieben – Heinrich muss nach Canossa schieben" helfen beim Abitur nur bedingt weiter. Daher wollen wir Ihnen auf dieser Seite ein paar ausgewählte Techniken und Hilfen vorstellen, mit denen Sie sich den Lernstoff besser aneignen können.

Lerntipp 1

Was hat mein Stuhl mit der konstitutionellen Monarchie zu tun?

Stellen Sie sich folgende Situation vor: Sie gehen durch Ihr Zimmer und legen gedanklich an bestimmten Orten jeweils eine Information zu den Hauptphasen der Französischen Revolution ab. Wie soll das funktionieren? Ganz einfach! Hier ein Beispiel: Stuhl – Konstitutionelle Monarchie, Schreibtisch – Republik und „Schreckensherrschaft", Regal – Direktorium. Ausgewählte **Orte** werden also mit verschiedenen **Inhalten** verbunden. Und nicht nur das. Sie sind zudem durch kleine **Geschichten** miteinander zu verknüpfen. Der Fantasie sind dabei keine Grenzen gesetzt. Am Beispiel des Stuhles kann das Ganze dann so aussehen: Eigentlich bräuchte ich dringend einen neuen Stuhl. Seine „Konstitution" ist nicht mehr gut. Lieber würde ich wie ein „Monarch" auf einem neuen Stuhl thronen (= Konstitutionelle Monarchie).

Zudem ist es wichtig, dass der von Ihnen festgelegte Weg in der richtigen **Abfolge** wiederholt wird, um sich die Begriffe dauerhaft merken zu können. Dabei müssen Sie Ihre Route im Zimmer nicht immer selbst abschreiten, sondern können diese auch in Gedanken durchlaufen.

Lerntipp 2

Werden Sie kreativ und fertigen Sie Gedankenlandkarten an!

Bei dieser Methode geht es darum, Ihre Gedanken zu einem Thema aufs Papier zu bringen. Die Gedankenlandkarten – auch **Mindmaps** genannt – helfen Ihnen, Ideen zu ordnen, übersichtlich darzustellen und Wissen zu verknüpfen. Welche Schritte bei der Gestaltung einer Mindmap zu beachten sind, finden Sie unter dem Code **32205-16**. Im Internet gibt es übrigens kostenlose **Programme** (z.B.: Free Mind, FreePlane und Mindmapping), mit denen sich ganz einfach und schnell Mindmaps kreieren lassen.

Lerntipp 3

Reden ist Silber, Schweigen ist Gold – stimmt das überhaupt?

Das bekannte Sprichwort kann beim Lernen ignoriert werden. Hier ist es sogar ratsam, über das Gelernte zu sprechen. **Erzählen** Sie Ihrem Freundeskreis oder Ihrer Familie von dem Thema, mit dem Sie sich gerade beschäftigen. Ein guter Nebeneffekt ist, dass Sie sich damit auch testen, ob Sie alles verstanden haben. Sie können natürlich auch kleine Gruppen mit Ihren Mitschülern bilden und sich gegenseitig abfragen. Lernen Sie lieber alleine, hilft auch **halblautes oder lautes Üben** beim Einprägen neuer Informationen.

Lerntipp 4

Weitere Tipps: Verschiedene YouTube-Videos zu Lern- und Merktechniken, darunter auch welche Lernfehler unbedingt vermieden werden sollten und wie man sich am besten Zahlen merken kann, haben wir für Sie unter dem Code **32205-15** zusammengestellt.

Merke: Wiederholung macht den Meister!

Die Themenvielfalt, die Sie für das Abitur beherrschen sollen, ist nicht gerade gering. Daher sollten Sie es unbedingt vermeiden, sich zu überfordern und zu viel auf einmal zu lernen. Effizienter ist es, sich den Lernstoff vorab in **überschaubare Einheiten** einzuteilen und das angeeignete Wissen **regelmäßig zu wiederholen**. Nach nur einmaligem Lernen ist die Wahrscheinlichkeit nämlich hoch, in wenigen Tagen die Hälfte davon wieder zu vergessen. Erst durch häufige Wiederholungen prägen sich die Informationen auch dauerhaft ins Gedächtnis ein.

2.4 Präsentationsformen

Mit (mediengestützten) Präsentationen können die Ergebnisse von Gruppen-, Partner-
oder Einzelarbeiten vorgestellt werden. Ziel ist es, die Zuhörer bzw. die Leser zu informieren und / oder zu überzeugen.

Mündlich

- Rede
- Referat (Vortrag)

Aufgabenbeispiele: Verfassen Sie eine Gedenkrede zum 27. Januar, in der Sie auch
Stellung zu den in M4 und M5 genannten Kritikpunkten nehmen. (vgl. Seite 52, M5, A4)

Recherchieren Sie im Internet nach „negativen" Gedenktagen im In- und Ausland, wie
sie in M3 beschrieben sind. Stellen Sie anschließend Ihre Ergebnisse in einem Kurzreferat vor. (vgl. Seite 61, M1 – M3, A6)

Schriftlich

- (offener) Brief
- Essay
- Protokoll
- Thesenpapier
- Zeitungsartikel / Blogbeitrag

Aufgabenbeispiele: Sie nehmen am Gedenkakt vom November 2018 teil. Schreiben Sie
einen kurzen Blogbeitrag in der Online-Schulzeitung über das Erlebte. Recherchieren
Sie dazu im Vorfeld über den Gedenkakt in Compiègne. (vgl. Seite 25, M3, A4)

Versetzen Sie sich in die Lage eines Adeligen in Polen-Litauen. Verfassen Sie ein Protestschreiben gegen die Beschlüsse der Maiverfassung. Verweisen Sie dabei auch auf
die damalige Revolution in Frankreich. (vgl. Seite 31, Abb., A2)

Visuell

- Fotodokumentation / -reportage
- Mindmap
- Plakat
- Schaubild / Grafik
- Tafelbild

Aufgabenbeispiele: Ordnen Sie die Faktoren, die den Verfassungstag nach Ansicht
Poschers belasteten, in einer Mindmap. (vgl. Seite 45, M3, A1)

Stellen Sie anhand Ihrer Nachforschungen aus Ausgabe 2 den Wandel in Form eines
Schaubildes dar, den die Erinnerung an Compiègne bis heute durchlief. Beziehen Sie
dabei auch die in M2 genannten Entwicklungsstufen für Erinnerungs- und Gedenktage
mit ein. (vgl. Seite 25, M3, A3)

Interaktiv

- Pro- und Kontra-Debatte
- Interview
- Rollenspiel
- Umfrage

Hinweis: Einige grundlegende
Arbeitshinweise zu einzelnen
Präsentationsformen, wie zum
Beispiel Referat und Mindmap,
finden Sie unter dem Code
32205-16.

Aufgabenbeispiele: Die Dritte Republik verzichtet auf einen Nationalfeiertag, der an die
Leistungen der „Solidarność" erinnert. Führen Sie eine Pro- und Kontra-Debatte in der
Klasse über Vor- und Nachteile dieser Entscheidung. (vgl. Seite 35, M4, A2)

Führen Sie eine Umfrage in Ihrem Freundes- und Bekanntenkreis durch:
a) Was verbinden Sie mit dem 9. November?
b) Wie sollte Ihrer Meinung nach der 9. November als Gedenktag begangen werden?
Stellen Sie die Ergebnisse in der Klasse vor. (vgl. Seite 41, M4, A4)

2.5 Hinweise zur Bearbeitung von Klausuren

Ziel

Klausuren

In Klausuren sollen Sie zeigen, dass Sie fachspezifisches Material anhand von Aufgaben angemessen bearbeiten können. Dabei sollen Sie ihr Wissen mit neuen Sachverhalten **problembewusst verknüpfen** und begründet **Stellung nehmen**.

Anforderung

Reproduktion

Im **Anforderungsbereich I** beschreiben Sie geordnet und gerafft historische Zustände oder Entwicklungen.

Reorganisation und Transfer

Im **Anforderungsbereich II** bearbeiten Sie Materialien problem- und methodenbewusst zu einem aus dem Unterricht bekannten Thema.

Reflexion und Problemlösung

Der **Anforderungsbereich III** verlangt gründliches Nachdenken und eine Lösung. Sie müssen auf Grundlage Ihrer Materialienanalyse ein Problem untersuchen und bewerten. Ihre Stellungnahme kann eine abwägende Diskussion gegensätzlicher Standpunkte erfordern. Abschließend müssen Sie dazu selbst Position beziehen.

Tipp

Die **Operatoren** der Anforderungsbereiche I bis III finden Sie auf Seite 64 f. im Buch erklärt. **Hilfen** zum richtigen Umgang mit den Operatoren bietet die Übersicht ab Seite 66.

Vorgehen

Aufgaben erfassen

☑ Lesen Sie die **Aufgaben** sorgfältig durch; unterstreichen Sie den **Operator**. Versuchen Sie, den Auftrag genau zu erfassen. Machen Sie sich ihn bei Bedarf in eigenen Worten klar. Finden Sie **Schlüsselbegriffe** und klären Sie kurz ihre Bedeutung.

Operatoren beachten

☑ Erledigen Sie die Aufgaben streng anhand der Operatoren. Sie zeigen Ihnen, zu welchen **Anforderungsbereichen** Sie jeweils arbeiten sollen.

Kernaussagen ermitteln

☑ Lesen Sie den Text zunächst als Ganzes, um Thema und Hauptaussagen im **Zusammenhang** zu begreifen. Im zweiten Durchgang ermitteln Sie aufgabenbezogen die **wesentlichen Aussagen**. Unterstreichen Sie dabei Wörter statt Sätze; so fällt es Ihnen leichter, **eigene Formulierungen** zu finden und sich von der Vorlage zu lösen.

Aussagen strukturieren

☑ Stellen Sie zunächst den **Autor** und die **Quelle** (Entstehungszeit, historischer Kontext, Adressaten) vor, wiederholen Sie aber nicht die wissenschaftliche Fundstelle des Textes.

Text gliedern

☑ Gliedern Sie Ihren Text folgerichtig. Setzen Sie **Schwerpunkte in Inhalt und Umfang** Ihres Textes. Achten Sie bei Ihrem Zeit- und Arbeitsaufwand auf die Gewichtung der Aufgaben.

☑ Geben Sie die Hauptgedanken eigenständig in **indirekter Rede** im **Konjunktiv** wieder.

Aussagen belegen

☑ Direkte **Zitate** empfehlen sich, wenn der Operator intensive Textarbeit verlangt und sie einen Kernaspekt in auffälligen Worten ausdrücken. Eine **Erläuterung in eigenen Worten** muss folgen.

☑ Halten Sie die **Reihenfolge der Aufgaben** ein. Vermeiden Sie Überschneidungen.

Stil

☑ Schreiben Sie **kurze, verständliche Hauptsätze** oder **Satzgefüge**. Drücken Sie sich sachlich aus und benutzen Sie **Fachbegriffe**.

Letzte Kontrolle

☑ Planen Sie Zeit für die **Durchsicht** ein. Lesen Sie Ihre Klausur zunächst nur unter **inhaltlichen Gesichtspunkten**; erst in einem zweiten Durchgang achten Sie auf **Rechtschreibung, Grammatik** und **Satzbau**. Achten Sie auf die **Zeitenfolge** (Präsens mit Perfekt; Präteritum mit Plusquamperfekt). Nutzen Sie zulässige **Wörterbücher**.

2.6 Formulierungshilfen für die Textanalyse

Der Verfasser / die Verfasserin (kurze Vorstellung) beschäftigt sich (Zeit / Kontext) mit … / untersucht / setzt sich mit der Frage auseinander / behandelt das Problem … / thematisiert / äußert sich zu / führt aus …
Beispiel: Der Historiker Klaus J. Bade setzt sich in seiner 2002 erschienenen Publikation „Europa in Bewegung" mit der historischen und aktuellen Bedeutung von Migration auseinander.

Einleitung

Der Autor / die Autorin (Name) hat den Brief / Aufsatz / etc. verfasst / die Rede gehalten, als … Die Quelle lässt sich vor dem Hintergrund von … einordnen / ist im Zusammenhang mit … zu sehen.
Beispiel: Die Bürgerbewegung „Demokratie Jetzt" startet am 12. September 1989 einen Aufruf, der sich an alle Initiativgruppen und reformfreudigen Kräfte in der DDR richtet und auf aktuelle Probleme im Staat eingeht. Der Aufruf lässt sich vor dem Hintergrund der sich wirtschaftlich und politisch zuspitzenden Krise der DDR im Jahre 1989 einordnen.

Einordnung in den historischen Kontext

Er / sie behauptet / ist der Meinung, dass … / vertritt die These / die Position, dass …
Beispiel: Der amerikanische Politikwissenschaftler Samuel Phillips Huntington behauptet, dass die Konflikte in der Welt in der Zukunft zwischen verschiedenen Großkulturen verlaufen werden.

Textwiedergabe „Kernthese"

Der Verfasser / die Verfasserin begründet dies, indem er / sie … / belegt dies mit … / erklärt dies mit / hebt hervor / betont / kritisiert / bemängelt / argumentiert
Beispiel: Der Politikwissenschaftler Samuel Phillips Huntington betont, dass ein „weltweiter Kampf der Kulturen" (Zeilenangabe / Belegstelle) nur zu vermeiden sei, wenn der Westen seine Kultur verteidigt und dieser nicht darauf hoffe, dass die anderen Kulturen sich ihm annähern werden.

Textwiedergabe „Argumentation"

Der Autor / die Autorin fasst seine / ihre Haltung / Sichtweise zusammen, indem er / sie … / sagt abschließend … / kommt zu dem Schluss, dass …
Beispiel: Eberhard Kolb, Professor für Geschichte, kommt zu dem Schluss, dass jeder Historiker durch die Gewichtung der verschiedenen Faktoren darüber entscheidet, wie er das Scheitern der Weimarer Republik interpretiert.

Zusammenfassung

Ebenso wie (ein anderer Autor / eine andere Autorin) / anders als (die Meinung / Argumentation / Position von) …
Beispiel: Die Historiker František Graus und Peter Schuster nehmen unterschiedliche Standpunkte in Bezug auf die Krise des Spätmittelalters ein. Während Graus … betont, hebt Schuster … hervor.

Vergleich

Er / sie will darauf hinweisen / erreichen / verdeutlichen / appelliert / zielt auf / verfolgt die Absicht …
Beispiel: Der britische Mathematiker, Philosoph und Friedensforscher Bertrand Russell will mit seinem in der „Times" am 23. Oktober 1945 erschienenen Leserbrief auf die Geschehnisse im Kontext der Vertreibung der deutschen Bevölkerung aufmerksam machen.

Absicht

Beurteilung: Die Argumentation überzeugt (nicht) / ist widersprüchlich / schlüssig / (nicht) einleuchtend / nachvollziehbar / zutreffend, weil … *Bewertung*: Ich stimme dem Autor / der Autorin zu / teile (nicht) die Haltung des Verfassers / der Verfasserin / schließe mich (nicht) der Argumentation an, weil … / Aus heutiger Sicht / Perspektive lässt sich sagen / festhalten, dass …
Beispiel: Die Thesen des amerikanischen Politologen Jack A. Goldstone über die Ursachen von Revolutionen überzeugen (nicht) aus folgenden Gründen: …

Stellungnahme (Sach- und Werturteil)

2.7 Übungsklausur

Die Aufgabenstellung bezieht sich auf das **Pflichtmodul** „Nationale Gedenk- und Feiertage in verschiedenen Ländern" aus dem vierten Rahmenthema des niedersächsischen Kerncurriculums mit dem dazugehörigen **Kernmodul**. Im Fokus steht der 3. Mai als polnischer Gedenk- und Feiertag. Damit wird zusätzlich ein **Semesterübergriff** zum Modul „Das deutsch-polnische Verhältnis im 19. und 20. Jahrhundert" aus dem dritten Rahmenthema hergestellt.

1. Beschreiben Sie die Darstellung auf dem Gemälde (M1).

2. Charakterisieren Sie die vom Gemälde ausgehende Wirkung (M1).

3. Interpretieren Sie das Gemälde von Jan Matejko (M1) vor dem Hintergrund der Hundertjahrfeiern zur Maiverfassung. Gehen Sie dabei auf die Bedeutung dieses Jubiläums für die polnische Erinnerungskultur im 19. Jahrhundert ein.

4. Fassen Sie M2 nach einer kurzen Vorstellung zusammen.

5. Erläutern Sie die Aussage in M2, die Verfassung von 1791 sei „ein großes Werk, das die polnische Nation in die Reihe der kulturell führenden Nationen stellt" (Zeile 10–12).

6. Vergleichen Sie die in M2 geschilderte Erinnerungspolitik polnischer Emigranten mit den Praktiken polnischen nationalen Gedenkens im Russischen Reich, in Preußen und Österreich-Ungarn. Stellen Sie Unterschiede und Gemeinsamkeiten heraus.

7. Erörtern Sie, inwieweit die einzelnen in M2 beschriebenen Geschichtsbilder später die Erinnerungskultur der polnischen Zweiten Republik (1918–1939/44) und der Volksrepublik Polen (1944–1989) prägten.

Tipps für die Bearbeitung

- **Aufgabe 1 bis 3**: Informationen zur Analyse eines Historiengemäldes können Sie unter den Code **32205-21** abrufen.

- **Aufgabe 1:** Um die Beschreibung zu erleichtern, bietet es sich zunächst an, eine Gliederung des Gemäldes in verschiedene Bereiche vorzunehmen. Denkbar wäre zum Beispiel eine Gliederung nach Bildebenen, Personen/Personengruppen oder Handlungen.

- **Aufgabe 3:** Über die polnische Erinnerungskultur im 19. Jahrhundert lesen Sie nochmals Seite 31 und M2 auf Seite 34.

- **Aufgabe 4:** In der verlangten kurzen Vorstellung sollten Autor, Publikation und Erscheinungsjahr erwähnt werden. Daneben ist auf die Textart, den Inhalt, die Intention des Autors und seinen möglichen Adressatenkreis einzugehen. Auch kann eine kurze Einschätzung erfolgen, inwieweit Sie den Text für glaubwürdig halten.

- **Aufgabe 5:** In Ihre Erläuterung können Sie z.B. die Sicht von 1791 wie auch diejenige des späten 19. Jahrhunderts einfließen lassen.

- **Aufgabe 6:** Auch hier können im Vorfeld nochmals die Informationen des Verfassertextes auf Seite 31 herangezogen werden.

- **Aufgabe 7:** Zur Erinnerungskultur der polnischen Zweiten Republik und der Volksrepublik Polen siehe die Verfassertexte auf Seite 31 f.

Hinweis: Ihre Arbeitsergebnisse zu den Aufgaben 1 bis 7 können Sie mit den Lösungsvorschlägen unter dem Code **32205-17** vergleichen.

M1 „Die Verfassung vom 3. Mai 1791"

Der polnische Historienmaler Jan Matejko (1838–1893) fertigt zur Hundertjahrfeier der polnisch-litauischen Verfassung von 1791 ein Gemälde (246 x 445 cm) an. Es zeigt u. a. den Vorsitzenden der Ständeversammlung, Stanisław Małachowski (1736–1809), mit dem Verfassungsdokument in der Hand. Der Festzug tritt in die Warschauer Johanneskathedrale ein, wo die Verfassung vom König (in rotem Umhang) feierlich beeidet wurde. Matejkos Kunstwerk hing zunächst im Parlamentsgebäude zu Lwów (Lemberg) im damals österreichisch regierten Galizien. 1920 wurde es ins Warschauer Schloss überführt.

M2 Streit um den Verfassungstag

Der polnische Historiker Wiesław Śladkowski (*1935) analysiert das Meinungsbild polnischer Emigranten zur 1891 stattfindenden Hundertjahrfeier der Maiverfassung:

Der hundertste Jahrestag der Verfassung vom dritten Mai brachte sowohl in Polen als auch in der Emigration trotz des internationalen Ranges dieses Jubiläums deutliche Kontroverse. [...]

5 Die Emigrationsorganisationen in Frankreich und in der Schweiz beschlossen [...], auch hier ansehnliche Jubiläumsfeierlichkeiten in Rapperswil[1] und Zürich zu organisieren. Das entstandene Organisationskomitee richtete einen feierlichen Appell an Landsleute und Bürger anderer Länder,

10 in dem es die Verfassung vom dritten Mai „als ein großes Werk, das die polnische Nation in die Reihe der kulturell führenden Nationen stellt", nannte. Das Komitee erkannte, dass die Stellung und die Rolle der Maiverfassung in der geschichtlichen nationalen Tradition nach wie vor eine

15 inspirative Kraft für die künftigen Bestrebungen besitzt, und es rief die Polen zur Tat mit folgenden Worten auf: „Wir versammeln uns am dritten Mai und verkünden es laut, dass der hundert Jahre lang unterdrückte Gefangene noch lebt, dass er mit den Handfesseln klirrend und unter

20 den Wunden der Verfolger, die ihm den Weg des Fortschritts versperren, blutend, vorwärts schreitet und geistig groß an die eigenen Kräfte und an die unvergänglichen Ideale der demokratischen Gerechtigkeit glaubt. Wir sagen, dass wir es nicht unterlassen werden, im Notfall zahlreich

25 zu erscheinen, und mit den Händen schwarz von Pflug und Hammer scharfe Sensen[2] fassen werden und auf den Geist von Kościuszko[3] und Kiliński[4] die Unabhängigkeit unserer Nation schwören werden". [...]

Diese „Hände schwarz von Pflug und Hammer" symbolisier-

30 ten neben den Bauern auch die Arbeiter, ohne deren Teilnahme der Kampf um die Unabhängigkeit unmöglich wäre. Aus dem Inhalt und den Formulierungen des Aufrufs geht deutlich hervor, dass seine Autoren, die früher dem konservativen Lager angeeignete Tradition des dritten Mai erfolgreich zurückgewannen und sie wieder für das Ideengut des 35 demokratischen und des Unabhängigkeitslagers verwendeten. Diese Argumentation überzeugte jedoch nicht die Anhänger des Sozialismus. In den Spalten von „Pobudka" (Weckruf), des Organs der *National-Sozialistischen Gemeinde*[5] von Paris, einer der ersten polnischen Organisati- 40 onen, die die sozialistischen Ideen mit dem Kampf um die Unabhängigkeit verbanden, erschien damals ein umfangreicher Artikel von Jan Lorentowicz mit dem Titel „Das hundertjährige Jubiläum des nationalen Testaments". Nach der Meinung des Autors war die Verfassung vom dritten 45 Mai ein Werk der Bischöfe, Prälaten[6] und des Adels, ein Beweis der adligen Alleinherrschaft, sie ließ die zahlreichste Gruppe der polnischen Gesellschaft außer Acht, nämlich die Bauern. Schlussfolgernd stellte der Autor fest, dass „die Verfassung vom dritten Mai nur wie ein Blatt 50 Papier in der Geschichte bleibt, das sicher unter dem Einfluss des besten Willens geschrieben, aber ungeschickt gebaut wurde, weil sie die alte Ungerechtigkeit dem Volk gegenüber billigte und wie einst die nationalen Kräfte dämpfte." In der nächsten Nummer der *Pobudka* äußerte 55 sich zu diesem Thema der Führer der Gemeinde Stanisław Barański [...]. Er nannte die Verfassung vom dritten Mai „eine misslungene Frucht der vierjährigen Plauderei [...], eine Reparatur der brüchigen polnischen Bastille." [...] Die entschiedene Kritik an der Maiverfassung seitens der So- 60 zialisten, die sie aus der Sicht der Klassenposition teilten, störte die Jubiläumsfeierlichkeiten nicht, die in Rapperswil und Zürich stattfanden.

Wiesław Śladkowski, Die Verfassung vom dritten Mai im nationalen Erbe und in der Tradition, in: Helmut Reinalter und Peter Leisching (Hrsg.), Die polnische Verfassung vom 3. Mai 1791 vor dem Hintergrund der europäischen Aufklärung, Frankfurt am Main/Berlin/Bern u.a. 1997, S. 35–46, hier S. 40–42 (gekürzt)

[1] **Rapperswil**: Stadt im Schweizer Kanton St. Gallen
[2] **Sensen**: Anspielung auf die Schlacht von Racławice vom April 1794, in der sich aufständische polnische Bauern gegen russisches Militär behaupteten. Die Sensen als Waffen der Bauern sind auf einem berühmten Schlachtengemälde von Jan Matejko (siehe M1) von 1888 festgehalten.
[3] **Tadeusz Kościuszko** (1746–1817): polnischer General, leitete den gescheiterten Aufstand von 1794 gegen die Teilungsmächte Russland und Preußen, wurde seither als Nationalheld verehrt
[4] **Jan Kiliński** (1760–1819): polnischer Handwerker und Freiheitskämpfer, organisierte die Freiwilligenverbände im Aufstand von 1794
[5] **National-Sozialistische Gemeinde** (poln. „Gmina Narodowo-Socjalistyczna"): Politische Vereinigung polnischer Emigranten in Paris. Sie bestand von 1888 bis 1893.
[6] **Prälat**: hoher kirchlicher Würdenträger

2.8 Übungsklausur

Die Aufgabenstellung bezieht sich auf das Pflichtmodul „Nationale Gedenk- und Feiertage in verschiedenen Ländern" aus dem vierten Rahmenthema mit dem dazugehörigen Kernmodul. Der inhaltliche Schwerpunkt liegt auf dem 9. November. Damit wird ein Semesterübergriff zum Modul „Die Gesellschaft der Weimarer Republik" aus dem dritten Rahmenthema des niedersächsischen Kerncurriculums hergestellt.

1. Beschreiben Sie das Gedenken von Sozialdemokraten an die Revolution von 1918, wie es in M1 geschildert wird.

2. Ordnen Sie die Bemerkung „Weimar liegt hinter uns (‚Weimar', die Aufgabe, freilich erst zum Teil), Locarno soll jetzt passiert werden" (M1, Zeile 25 f.) in die politische und gesellschaftliche Situation in Deutschland um das Jahr 1925 ein.

3. Arbeiten Sie anhand von M2 die Unterschiede im Gedenken an den 9. November heraus, die zwischen dem Nationalsozialismus und den übrigen politischen Kräften in der Weimarer Republik bestanden.

4. Vergleichen Sie M1 und M2 hinsichtlich der Erinnerung der Betreffenden an die Revolution von 1918. Gehen Sie dabei auch auf die jeweiligen Erwartungen und Ziele für die politische Zukunft ein.

5. Nehmen Sie Stellung zu der Aussage in M3, wonach die politische Kultur der Weimarer Republik als eine Voraussetzung für den Pogrom von 1938 zu gelten habe.

6. Interpretieren Sie, ausgehend von M3, den 9. November 1989 als Gegenbild sowohl zum 9. November 1918 als auch zum 9. November 1938.

Tipps für die Bearbeitung

• **Aufgabe 1 bis 6**: Hintergrundinformationen zum „9. November" finden Sie im Kapitel auf den Seiten 36 bis 41 (Der 9. November: „Schicksalstag" der Deutschen). Zum 9. November 1989 informieren auch die Seiten 54 (Verfassertext: Wende in der DDR) und 60 f. (Geschichte kontrovers: Der 9. November – ein besser geeigneter Feiertag?).

• **Aufgabe 2**: Der in M1 erwähnte Ort in der Schweiz (Zeile 26) bezieht sich auf die „Verträge von Locarno", die im Dezember 1925 unterzeichnet wurden und im folgenden Jahr in Kraft traten.

Hinweis: Ihre Arbeitsergebnisse zu den Aufgaben 1 bis 6 können Sie mit den Lösungsvorschlägen unter dem Code **32205-18** vergleichen.

M1 Nüchternes Gedenken

Im „Vorwärts", der Parteizeitung der Sozialdemokratischen Partei Deutschlands, erscheint am 9. November 1925 der folgende Kommentar:

Wieder ist ein Jahr herum, wieder kam der Gedenktag des 9. November, der ein Tag der Mahnung ist, Begonnenes fortzusetzen, wieder kamen in den Bezirken der Partei in und um Berlin herum die Genossen und Genossinnen[1] zur
5 Feier zusammen. Es ist kein Freudenfest gewesen, wie es jene Kreise zu feiern pflegen, die sorglos in den Tag hineinleben können, nirgends ein Fest mit Shimmyschall[2], Konfettiwirbel und vergnügungstoller Freiheit der – Nacken[3]. Eigener Geschmack, aber auch die wirtschaftliche Not
10 lehrte im Laufe der Zeit die unteren Klassen ein Kulturbewusstsein, das allen lauten Festtrubel als phrasenhafte Übertreibung wirklicher Freude verachtet. Nur die ernste Feier entspricht der bitteren Lage, in der sich die breiten Massen heute befinden, mit der sie sich aber keinesfalls
15 abfinden werden. Der November des Jahres 1918 führte uns nicht in ein Land, darinnen Milch und Honig fließt, denn uns war nicht viel mehr damals geblieben als ein einziger großer Scherbenhaufen, die Verlustliste von 2 Millionen Toten und eine Armee von Verkrüppelten und Unter-
20 ernährten. Aber das rote Banner[4], das uns damals führte, steht heute genau so aufrecht wie in jenen Tagen und unser Wille, es zu halten und flattern zu lassen bis zum letzten Ziel, ist in der Not der Zeit gewachsen. Wir wissen, dass der Weg, den Ebert und Rathenau schon wiesen, der richtige
25 ist: Weimar liegt hinter uns („Weimar", die Aufgabe, freilich erst zum Teil), Locarno soll jetzt passiert werden. –
So auch ungefähr der Gedankengang der Ansprachen, die bei den glänzend besuchten Versammlungen der Partei von führenden Genossen gehalten wurden. So auch der Geist
30 der Feiern: Geist der Treue zu den Opfern und zum Werk, Geist der Hoffnung auf hellere Tage. [...] So war die Musik um die Reden, der Liedgesang, der Volkstanz mehr als Unterhaltung [...]. Die „Umrahmung" der ernsten Vortragsgedanken, vielfach von der Jugend besorgt, war das Symbol
35 der Gewissheit besserer Tage für die ganze Menschheit und des endgültigen Sieges des Rechts. Jugend folgt dem Alter –, das ist die Garantie dafür, dass der novemberraue Sturmeskampf einen blühenden Frieden, den Völkermai schaffen wird.

[Anon.] „Revolutionsfeiern", in: Vorwärts, Nr. 530, 9. November 1925, S. 3

---

[1] **Genossen, Genossinnen:** Bezeichnung für Mitglieder der SPD
[2] **Shimmy:** modischer Tanz der 1920er-Jahre
[3] **Freiheit der Nacken:** Dieses Wort stammt aus der Bibel und steht sinnbildlich für die Befreiung eines Volkes von Sklaverei oder obrigkeitlicher Unterdrückung („von den Schultern genommenes Joch"). Nach biblischem Verständnis meint diese Freiheit aber nur eine körperliche Befreiung durch Gottes Vorsehung. Die Menschen seien gehalten, hierauf selbst zu geistiger Unabhängigkeit zu gelangen.
[4] **Rotes Banner:** Wahrzeichen der Arbeiterbewegung

M2 Hass auf den Revolutionstag

Der Historiker Klaus Schönhoven (*1942) untersucht die Bedeutung der Revolution von 1918 und des Putschversuchs von 1923 für die Nationalsozialisten:

Einerseits verstand sich der Nationalsozialismus als eine Reaktion auf die Revolution von 1918 und wollte als völkische[5] Gegenbewegung einen Rachefeldzug gegen den Vaterlandsverrat des Proletariats und gegen das internationale Judentum führen, das aus seiner rassistischen 5 Perspektive hinter den Kulissen im November 1918 als Regisseur des unheilvollen Umsturzes fungiert hatte; andererseits sah sich die Hitlerbewegung selbst als eine nationalrevolutionäre Massenbewegung, die mit allen Mitteln die Kriegsniederlage von 1918, die „Schmach des Versailler 10 Vertrages" und natürlich auch die Weimarer Republik als Inbegriff der deutschen Selbsterniedrigung beseitigen wollte.
Wenn man die nationalsozialistische Wahrnehmung des 9. November 1918 als Tag der nationalen Schande mit der 15 Stilisierung des 9. November 1923 zum Tag des Blutopfers der Bewegung psychologisch zusammenführt, kann man von einem „Novembertrauma" der NSDAP sprechen. Auf es war die gesamte zerstörerische Energie des Nationalsozialismus zentriert, wenn seine Wortführer die „Novemberver- 20 brecher" anprangerten und mit Blick auf 1918 vom „Jahrestag der Lumpen- und Judenrevolte" sprachen. Mit dem 9. November 1923 wurde aber auch die ganze Hoffnung auf eine „völkische Wiedergeburt" Deutschlands verbunden. Er hatte eine gleichsam heilsgeschichtliche Bedeutung 25 im nationalsozialistischen Geschichtsdenken, weil an ihm mit „Märtyrerblut" die nahende „Zeitenwende" bereits besiegelt worden sei.
Dieser mythologischen Stilisierung des 9. November als Tag der Schmach, als Tag der Rache und als Tag des Heils 30 hatten die anderen politischen Kräfte wenig oder überhaupt nichts entgegenzusetzen. Der Nationalsozialismus okkupierte den Revolutionstag, deutete ihn um und stattete ihn mit einem neuen Sinngehalt aus, der antidemokratisch und antisemitisch war. [...] 35
Man kann den Symbolwert des 9. November für den Nationalsozialismus kaum hoch genug veranschlagen. Er war mehr als ein kultischer Tag der NS-Bewegung, an dem diese in nächtlichen Weihestunden mit Feuer und Flamme die nationale Wiedergeburt Deutschlands beschwor; er war 40

---

[5] **völkisch:** rassistische Anschauung, wonach einem Staatsvolk nur Menschen gleicher Abstammung angehören sollen

auch derjenige Tag, an dem die Kernelemente der national-sozialistischen Weltanschauung, der extreme Nationalismus und Rassismus sowie die kompromisslose Republikfeindschaft unverhüllt und brutal propagiert wurden. Die
45 Diffamierung der Weimarer Republik als „Judenrepublik" und die Verhöhnung ihrer Verfassung als undeutsche „Gefängnisordnung", die Deutschland von westlichen Siegermächten aufgezwungen worden sei [...] – all dies war nicht nur Metaphorik und Allegorie[1]. Die rücksichtslose Verfol-
50 gung der Arbeiterbewegung und der Juden wurde zu einem zentralen programmatischen Postulat[2] des Nationalsozialismus, dessen Verwirklichung man nach dem 30. Januar 1933 sofort in die Wege leitete.

Klaus Schönhoven, Revolution und Konterrevolution: Der 9. November 1918 und 1923, in: Der 9. November in der Geschichte der Deutschen, Redaktion: Heinrich Potthoff, Bonn 1998, S. 13 – 22, hier S. 17–19 (gekürzt)

M3 „Wachsames Erinnern ist der Schutz der Freiheit"

*Im Deutschen Bundestag hält die damalige Parlamentspräsidentin Rita Süssmuth (*1937) am 9. November 1993 eine Ansprache zum Gedenken an den Jahrestag der Pogromnacht von 1938:*

Der Pogrom gegen die Juden war ein entscheidendes Glied in der Kette des Schreckens, die zur Ausgrenzung und schließlich zur Vernichtung der Juden in Deutschland, in Europa und in der Welt führen sollte; denn das war das
5 erklärte Ziel Hitlers. Dreist, ohne jeden Anschein von Rechtmäßigkeit wurde den Juden öffentlich Gewalt angetan. Auch auf das Ausland wurde keine Rücksicht mehr genommen. Das Recht wurde gebrochen, und alle konnten es erkennen. Der 9. November war der Tag, von dem eine nicht
10 mehr aufzuhaltende Planung zu den Deportationen und Massenvernichtungen in Auschwitz, Majdanek, Treblinka[3] und anderen Orten führte.
Heute fragen wir: Wie kam die Macht in die Hände eines Diktators, der sie so schamlos missbrauchte, vor allem ge-
15 gen die Juden, aber nicht nur gegen sie? Wir wissen, dass

der 9. November 1938 und die Verbrechen, die ihm folgten, nicht in einem Vakuum entstanden sind. Antisemitismus, Ausgrenzung und Diskriminierung der Juden haben auch in Deutschland eine lange Vorgeschichte. In der Weimarer Demokratie, die doch zunächst mit der Ausrufung der 20 Republik heute vor 75 Jahren, am 9. November 1918, so hoffnungsvoll begonnen hatte, hat man es dann zugelassen, dass Feindbilder, besonders das antisemitische, in der Gesellschaft weitgehend ohne Widerspruch geduldet wurden. Am Ende wurde die parlamentarische Demokratie 25 selbst zum Feindbild. Auch bei denen, die sie eigentlich hätten verteidigen müssen, gab es nicht genug Unterstützung und letztlich nicht genügend Entschlossenheit, die Angriffe auf die Demokratie von Rechtsextremisten und Linksextremisten abzuwehren. [...] 30
Das heutige Datum erinnert uns auch an den Tag der Maueröffnung vor vier Jahren. Sie beendete die äußere Trennung und führte die Menschen wieder zusammen. Es war zugleich der Beginn eines gemeinsamen Erinnerns. [...] In der Pogromnacht und danach wurde deutlich, wie ver- 35 sucht wurde, ein Volk zu manipulieren gegen alle Vernunft, gegen die Kultur, gegen den Geist der Zusammengehörigkeit der Menschen. [...]
Die Menschen in der DDR sind 1989 unter Gefahr für ihr Leben mit großem Mut gegen das SED-Regime auf die 40 Straße gegangen, haben Freiheit und Demokratie gefordert und schließlich auch durchgesetzt. Die Öffnung der Mauer am 9. November 1989 war die Konsequenz der vom Volk herbeigeführten Wende. Die friedliche Revolution hat vorbildhaft gezeigt, dass Deutsche fähig sind, Freiheit zu 45 erkämpfen. Diesen Mut brauchen wir auch, um uns gemeinsam unserer Geschichte zu stellen und nicht zu schweigen, wenn es gilt, in ganz Deutschland Menschenwürde und Demokratie zu verteidigen; denn wer schweigt, stimmt zu. [...] Wachsames Erinnern ist der Schutz der 50 Freiheit. Vergessen wir Unfreiheit, Verfolgung und Vernichtung, bringen wir die Freiheit selbst in Gefahr.

Ansprache der Präsidentin des Deutschen Bundestages, Bonn, 9. November 1993, in: Stenographische Berichte des Deutschen Bundestages, 12. Wahlperiode, 187. Sitzung, S. 16185 – 16187, dipbt.bundestag.de/dip21/btp/12/12187.pdf (Auszüge; Zugriff: 2. Februar 2021)

---

[1] **Allegorie** (altgriech. *allēgoría*: andere Rede): Versinnbildlichung, Verwendung bestimmter Begriffe oder Figuren, um abstrakte Vorstellungen zu veranschaulichen
[2] **Postulat** (lat. *postulare*: fordern, verlangen): Forderung, Gebot
[3] **Auschwitz, Majdanek, Treblinka**: Orte von Vernichtungslagern während des Holocaust

Digitale Materialien

Im Schulbuch befinden sich Hinweise auf verschiedene digitale Angebote. Um diese abzurufen, geben Sie einfach den im Buch genannten Mediencode (z. B. 32205-01) im Suchfeld auf www.ccbuchner.de ein oder steuern Sie die digitalen Inhalte direkt über die QR-Codes an. Neben weiterführenden Internettipps bietet Ihnen das Lehrwerk auch drei digitale Formate, die eigens entwickelt wurden. Es handelt sich dabei um Filmclips, animierte Geschichtskarten und interaktive Quizze:

• **Geschichte In Clips**: Die mehrminütigen Filmclips behandeln ausgewählte historische Themen. Die zeitgenössischen Bild- und Tondokumente sind mit erläuternden Sprechertexten und Untertiteln versehen.

• **Animierte Karten**: Sie veranschaulichen zeitliche und territoriale Veränderungen im Zusammenhang. Sprecherkommentare ordnen die Ereignisse in ihren jeweiligen historischen Kontext ein.

• **WissensCheck**: Mit diesem interaktiven Quiz kann das in den Modulen erworbene Wissen spielerisch getestet werden. Am Ende der Aufgaben befindet sich eine Auswertungsseite, die die Lösungen bereithält.

Die genannten Formate sind auf folgenden Seiten im Schulbuch zu finden:

Geschichte In Clips

Animierte Karten

WissensCheck

Quellen und Methoden

Die Vergangenheit hat zahllose Spuren in unserer Gegenwart hinterlassen, die uns überall begegnen. Historiker bezeichnen diese Überreste aus früheren Zeiten als Quellen. Allgemein lassen sich folgende Arten unterscheiden:

- **schriftliche Quellen** (Textquellen): Gesetze, Zeitungen, Briefe etc.
- **visuelle Quellen** (Bildquellen): Gemälde, Karikaturen, Fotografien etc.
- **gegenständliche Quellen** (Sachquellen): Münzen, Fahrzeuge, Bauwerke etc.
- **mündlich überlieferte Geschichte** (mündliche Quellen): Sagen, Mythen, Zeitzeugenberichte etc.

Für jede Quellenart werden eigene Verfahren und Arbeitsweisen benötigt, um möglichst viele und verlässliche Informationen zu erhalten. Die nachstehende Übersicht bietet daher Hinweise auf Erklärungen, wie Sie Schritt für Schritt bei der **Quellenanalyse** vorgehen können. Zum einen wird auf die entsprechende Schulbuchseite verwiesen. Zum anderen finden Sie Codes, die sich auf Methoden beziehen, die nicht im Schulbuch abgedruckt sind.

Methode im Schulbuch

Politische Reden analysieren | Seite 58

Methoden im Internet

Um auf die folgenden Methoden zuzugreifen, geben Sie bitte in das Suchfeld der Internetseite www.ccbuchner.de den in der Randspalte genannten Code ein.

Essays verfassen	Code 32205-19
Fotografien als Quellen deuten	Code 32205-20
Historiengemälde analysieren	Code 32205-21
Historische Urteile untersuchen	Code 32205-22
Karikaturen interpretieren	Code 32205-23
Politische Plakate auswerten	Code 32205-24
Umgang mit historischer Fachliteratur üben	Code 32205-25
Zeitzeugen befragen	Code 32205-26

Lösungsskizze: Politische Reden analysieren

Hinweis: Die Auszüge aus der Rede von Joachim Gauck anlässlich des 25. Jahrestages der Deutschen Einheit finden Sie auf Seite 59.

1. beschreiben | Joachim Gauck war evangelischer Pastor in Rostock, Bürgerrechtler und Abgeordneter der letzten, frei gewählten Volkskammer. Von 1990 bis 2000 leitete er die Bundesbehörde für die Unterlagen des Staatssicherheitsdienstes der ehemaligen DDR, und wirkte wesentlich an der Aufarbeitung von DDR-Unrecht mit. In seiner Amtszeit als Bundespräsident (2012 – 2017) hielt Gauck zweimal die Festrede zum Tag der Deutschen Einheit, 2013 in Stuttgart und 2015 in Frankfurt am Main. Die Rede zum 25. Jahrestag der Deutschen Einheit wurde in Rundfunk und Fernsehen übertragen und ihr Text in der Presse verbreitet.

Gauck erinnert an die friedliche Revolution von 1989, aus der die Einheit hervorgegangen sei. Die Ereignisse von damals böten Anlass zum Feiern, denn die Deutschen hätten bewiesen, dass sie zur Freiheit fähig sind. Das Gedenken in Freude und Dankbarkeit helfe auch aktuelle Probleme einzuordnen. Wie nach 1990 stehe das Land derzeit vor riesigen Aufgaben: damals die Zusammenführung zweier Gesellschaften, heute die Aufnahme hunderttausender Flüchtlinge.

Gaucks Rede formuliert viele Fragen und beantwortet sie mit klaren Aussagen. Die Integration der Zuwanderer benötige Zeit, in der zumal die Menschen im Osten Deutschlands realisieren müssten, dass ihr Land inzwischen ein Einwanderungsland sei. Deutschland sei eine Gesellschaft mit wachsender Vielfalt. Einigkeit bestehe nicht mehr durch gemeinsame Herkunft, sondern auf der Grundlage gemeinsamer Werte. Demokratie und Rechtsstaat gelten als „unumstößlich", ebenso die Absage an den Antisemitismus (Zeile 34 f.). Die freiheitlich-demokratische Gesellschaft sei besonders lernfähig und geeignet, neue Herausforderungen zu bewältigen.

2. erklären | Gauck tritt in dieser Rede als Zeitzeuge auf, der seine individuelle und spezifisch ostdeutsche Erinnerung einbringt. Selbst der Satz „Wir Deutsche können Freiheit" (Zeile 10) stammt ursprünglich aus einem Interview von 2010, in dem Gauck auf seine Rolle als Bürgerrechtler in der DDR zurückblickte. Die Rede zum Tag der Deutschen Einheit unterscheidet zwischen dem Gedenken aus west- und ostdeutscher Sicht, verweist jedoch auch auf gesamtdeutsche Erfahrungen. Im Vordergrund stehen die Gemeinsamkeiten im heutigen Deutschland, was sich im häufigen „Wir" ausdrückt. Die Rede ist eine Gedenkrede, sie würdigt die Ereignisse von 1989/90 und die Entwicklung seither. An die deutsche Bevölkerung gerichtet, werden Lehren aus 25 Jahren Einigung gezogen. Sie dienen als Orientierung und Ermutigung – die Erinnerung könne als „Brücke" genutzt werden (Zeile 11 f.). Die große Aufgabe einer „inneren Einheit" sei noch längst nicht abgeschlossen, vielmehr drohten angesichts der Flüchtlingsfrage neue Entfremdungen zwischen Ost- und Westdeutschen. Gauck stellt die Probleme der Zuwanderung in die Kontinuität des Einigungsprozesses. Dieser habe bislang, trotz Rückschlägen, zu mehr Verständnis zwischen Ost und West geführt und die Überlegenheit der grundgesetzlichen Ordnung demonstriert. Nun stelle die Flüchtlingsfrage die deutsche Einheit vor eine Bewährungsprobe. In den Medien wurde die Ansprache dahingehend zusammengefasst, Gauck halte die Integration der Flüchtlinge für eine noch größere Aufgabe als die deutsche Einigung.

3. beurteilen | Die Rede von 2015 stand unter dem Eindruck der Flüchtlingskrise in Europa. In jenem Jahr stieg die Zahl der Flüchtlinge in die EU sprunghaft an. Die Bundesrepublik nahm einen großen Teil der Schutz suchenden Menschen auf, ohne ausreichend vorbereitet zu sein. Widerspruch gegen die Politik des „Willkommens" gab es gerade in den neuen Bundesländern. Gaucks Ansprache zum 3. Oktober war auch ein Signal an jene Bürgerinnen und Bürger, die von der Zuwanderung überfordert schienen. Wie bei anderen Gelegenheiten appellierte Gauck an Mut und Selbstverantwortung. Die Rede erfüllte ihren Zweck als Rückblick auf 25 Jahre deutsche Einheit. Auf die Debatte um die deutsche und europäische Flüchtlingspolitik hatten Gaucks Worte jedoch kaum Einfluss.

1. Geschichts- und Erinnerungskultur

1.1 Kernmodul: Geschichtsbewusstsein und Geschichtskultur

Skizzieren in einem Verlaufsdiagramm den Weg, den die „faktische Vergangenheit" durch die Beschäftigung mit Geschichte bis zur „Konsensobjektivität" nach nehmen kann. Verwenden Sie daneben auch Begriffe wie „Rekonstruktion", „Urteil" und „Perspektive".

Seite 12, M2, A3, H

Erstellen Sie ein Schaubild, in dem das Verhältnis zwischen der individuellen und kollektiven Seite des Geschichtsbewusstseins deutlich wird. Bringen Sie dabei auch Beispiele, wie Sie in Zeile 14 bis 27 genannt werden, ein.

Seite 12, M3, A1, H

1.2 Kernmodul: Historische Erinnerung

Erstellen Sie eine Mindmap, in der die Wirkungen, Funktionen aber auch Problemstellungen, die nach Jeismann von der Beschäftigung mit Geschichte ausgehen, abgebildet sind.

Seite 17, M1, A2, H

Übertragen Sie die von Pandel aufgestellten Kriterien der Authentizität auf einen Geschichtsspielfilm Ihrer Wahl. Überprüfen Sie dann anhand dieser Kriterien den Authentizitätsgrad nach Pandel.

Seite 19, M4, A1, F

Charakterisieren Sie eine beliebige Person einer Epoche in ihrer Mentalität, ihren Aufgaben, Zielen etc. Diskutieren Sie anschließend, welche Eigenschaften in einer entsprechenden Geschichtserzählung zum Ausdruck kommen müssten, damit diese „typenauthentisch" ist.

Seite 19, M4, A3, H

1.3 Pflichtmodul: Nationale Gedenk- und Feiertage in verschiedenen Ländern

Nutzen Sie die in Aufgabe 1 zusammengefassten Vorschläge Justis als Kriterien eines staatlichen Feiertages und überprüfen Sie, inwieweit diese auf gegenwärtige Feiertage übertragbar sind.

Seite 24, M1, A2, H

Erstellen Sie ein Flussdiagramm, in dem verdeutlicht wird, wie der 14. Juli von einem geschichtlichen zu einem „historischen" und im Ergebnis zu einem „erinnerungswürdigen" Ereignis wurde (vgl. Zeile 1–11 in M2 auf Seite 24).

Seite 25, M2, A1, H

Erstellen Sie ein Flussdiagramm, in dem verdeutlicht wird, wie der 11. November 1918 von einem geschichtlichen zu einem „historischen" und im Ergebnis zu einem „erinnerungswürdigen" Ereignis (vgl. Zeile 1–11 in M2 auf Seite 24) in Frankreich wurde. Führen Sie dies ebenso für die Bedeutung des 11. November 1918 in Deutschland durch und setzen Sie in einer letzten Stufe das gemeinsame Gedenken an diesen Tag durch Deutschland und Frankreich hinzu.

Seite 25, M3, A3, H

Überprüfen Sie anhand Ihres Sachwissens über die Amerikanische Revolution, inwieweit die in M1 getroffenen Bewertungen historisch triftig sind. Erläuterungen zum Begriff „triftig" befinden sich auf der Seite 9 im Schulbuch.

Seite 27, M1, A1, F

Erläutern Sie anhand Ihres Sachwissens und unter Zuhilfenahme geeigneter Quellenbezüge, die „großen Prinzipien politischer Freiheit" (vgl. M2, Zeile 4–7) auf die sich Douglas bezieht.

Seite 28, M2, A2, H

Erörtern Sie, inwieweit die „Bill of Rights" und die amerikanische Unabhängigkeitserklärung Frederick Douglas eine Argumentationsgrundlage für seine Haltung und seine Forderungen liefern.

Seite 28, M2, A2, F

Seite 29, M3, A2, H	Recherchieren Sie – zum Beispiel im Internet – über die möglichen Intentionen, die hinter Donald Trumps Auftritt am Unabhängigkeitstag standen.
Seite 29, M3, A3, H	Diskutieren Sie auf Basis Ihrer bisherigen Ergebnisse des Kapitels, in welcher Art und Weise die Politik generell an Gedenk- und Feiertagen agieren sollte.
Seite 33, Abb., A1, F	Vergleichen Sie das Gemälde mit der Radierung „Ouverture des Etats Généraux à Versailles le 5 Mai 1789" (dt.: „Eröffnung der Generalstände in Versailles am 5. Mai 1789") aus den 1790er-Jahren von Isidore Stanislas Helman nach einer Zeichnung von Charles Monnet. Recherchieren Sie dazu im Internet.
Seite 35, M3, A3, F	Charakterisieren Sie die Wandlungen, die der 3. Mai in Polen als Feiertag seit 1791 in Form und sinnstiftender Bedeutung erfahren hat. Nutzen Sie dazu die Materialien M1 bis M3 sowie den Verfassertext auf Seite 30 bis 32.
Seite 35, M4, A1, H	Arbeiten Sie dazu die den jeweiligen Feiertagen innewohnenden sinnstiftenden Deutungen heraus und stellen Sie diese einander gegenüber.
Seite 35, M4, A3, F	Arbeiten Sie dazu die den jeweiligen Feier- und Gedenktagen innewohnenden sinnstiftenden Deutungen heraus und erörtern Sie, inwieweit diese Deutungen mit den gegenwärtigen gesellschaftlichen Verhältnissen und Normen verträglich bzw. auf diese übertragbar sind. Entwickeln Sie ggf. Ideen wie mit einem Feier- oder Gedenktag aus der kommunistischen Ära umgegangen werden müsste, um ihn auch gegenwärtig legitim beibehalten zu können.
Seite 40, M2, A3, H	Stellen Sie zum Beispiel die Deutung des 9. November 1918 durch Alfred Rosenberg den Aussagen Friedbert Pflügers (M1 auf Seite 40) zum selben Datum gegenüber.
Seite 41, M3, A1, F	Arbeiten Sie anhand der Aussagen Helmut Schmidts in den Zeilen 22 bis 27 den Unterschied zwischen den Begriffen „Schuld" und „Verantwortung" in Hinblick auf den Umgang mit der NS-Vergangenheit heraus und setzen Sie sich mit Schmidts Aussagen dazu auseinander.
Seite 41, M3, A2, H	Überprüfen Sie, inwieweit Helmut Schmidts Deutung des 9. November 1918 in den Zeilen 9 bis 14 im Einklang mit der Deutung Friedbert Pflügers (M1 auf Seite 40) desselben Datums steht.
Seite 43, Abb., A, H	Informieren Sie sich über die Rolle der Frankfurter Paulskirche 1848/49 und über das Wirken des Reichsbanners Schwarz-Rot-Gold. Erste Anhaltspunkte liefert dazu Seite 43 im Schulbuch. Analysieren Sie dann jedes Bildelement individuell in seiner Bedeutung und danach im Zusammenspiel.
Seite 44, M1, A1, F	Arbeiten Sie heraus, welche unterschiedlichen Haltungen der Bevölkerung gegenüber der Weimarer Republik in M1 zum Ausdruck kommen.
Seite 45, M2, A2, F	Überprüfen Sie, inwieweit die Aussage der Karikatur den Schilderungen in M1 auf Seite 44 entspricht.
Seite 45, M3, A1, F	Überprüfen Sie anhand von M3, ob die Materialien M1 auf Seite 44 und M2 auf Seite 45 den Umgang der deutschen Bevölkerung mit dem 11. August treffend erfassen.
Seite 49, Abb., F	Erklären Sie anhand der Theorie von Assmann (siehe M4 auf Seite 13), in welcher Weise durch den „Marsch der Lebenden" mit der historischen Erinnerung umgegangen wird.
Seite 50, M2, A3, H	Arbeiten Sie aus dem Text die inhaltlichen Unterschiede zwischen den Begriffen „Schuld" und „Verantwortung" heraus.
Seite 52, M5, A4, H	Erörtern Sie, inwieweit sich die anderen von Bodemann in M5 in Zeile 15 bis 25 genannten Daten für einen „Tag des Gedenkens an die Opfer des Nationalsozialismus" im Sinne der Position von Roman Herzogs (siehe M2 auf Seite 49f.) eignen würden.

Arbeiten Sie aus dem Redeauszug die inhaltlichen Unterschiede zwischen den Begriffen „Schuld" und „Verantwortung" heraus. Vergleichen Sie diese anschließend mit der Definition, die Roman Herzog in seiner Rede (siehe M2, Seite 49f.) gibt.

Seite 53, M6, A3, F

Entwickeln Sie eine begründete Position für ein geeignetes Datum zur Deutschen Einheit. Klären Sie dazu durch eine entsprechende Recherche (für den 9. November 1989 siehe auch Seite 60f.) die Bedeutungen der im Text angesprochen Daten sowie die des 9. Oktober 1989.

Seite 56, M1, A3, F

Erläutern Sie, wie Sie persönlich den Tag gestalten und entwickeln Sie Ideen wie der Tag für Sie als Gedenk- und Feiertag attraktiv sein kann.

Seite 57, M2, A2, H

Informieren Sie sich über die Hintergründe und Folgen der verschiedenen Ereignisse, die sich in der deutschen Geschichte am 9. November ereigneten. Eine Hilfe bietet Ihnen auch das Kapitel „Der 9. November: „Schicksalstag" der Deutschen" auf den Seiten 36 bis 41.

Seite 61, M1–M3, A3, H

Lexikon zur Geschichte: Begriffe

Deutschlandlied (eigentlich: Lied der Deutschen): von August Heinrich Hoffmann von Fallersleben (1798–1874) 1841 verfasstes Gedicht zu einer Melodie von Joseph Haydn (1732–1809). 1922 erklärte es Reichspräsident ▶ *Friedrich Ebert* zur Nationalhymne.

Einigungsvertrag („Vertrag über die Herstellung der Einheit Deutschlands"): zentrales Abkommen zur politischen und rechtlichen Vereinigung von DDR und alter Bundesrepublik, trat im Oktober 1990 in Kraft

Frankfurter Paulskirche: von Mai 1848 bis Mai 1849 Tagungsort einer deutschen Nationalversammlung für eine staatliche Einigung und Verfassunggebung

Geheime Staatspolizei (Gestapo): Die 1933 gegründete Organisation verfolgte politische Gegner des NS-Staates.

KSZE: Konferenz für Sicherheit und Zusammenarbeit in Europa, die seit Anfang der 1970er-Jahre in loser Folge zusammentrat. Im Oktober 1990 tagten die Außenminister der damals 35 Teilnehmerstaaten in New York, um u. a. den ▶ *Zwei-plus-Vier-Vertrag* zur Kenntnis zu nehmen.

Ostblock: Sammelbezeichnung für die kommunistisch regierten Länder in Ost- und Mitteleuropa, die bis Ende der 1980er-Jahre dem Machtbereich der UdSSR angehörten.

Pogrom (russ.: Zerstörung, Krawall), hier: Bezeichnung für gewalttätige Ausschreitungen gegen jüdische Minderheiten

Schutzpatron: Im Christentum biblische, legendäre oder historische Gestalt, die als Beschützer/in oder Gründer/in eines Gemeinwesens verehrt wird (z. B. in Paris die Heilige Genoveva, in Venedig der Evangelist Markus, der Heilige Patrick in Irland oder der Heilige Stephan in Ungarn).

Schutzstaffel (SS): 1925 gegründete Parteiformation zum persönlichen Schutz Adolf Hitlers, ab 1934 „selbstständige Organisation" der NSDAP mit polizeilicher Machtbefugnis

SED: Sozialistische Einheitspartei Deutschlands, gegründet 1946. Bis zum November 1989 kontrollierte sie in der DDR alle öffentlichen Einrichtungen und manipulierte Wahlen und Abstimmungen, die übrigen Parteien und Verbände mussten ihre Führungsrolle anerkennen.

Triftigkeit: Der historische Erkenntnisprozess beruht auf der Rekonstruktion von Ereignissen und Personen (Sachanalyse). Durch einen Quellenvergleich wird versucht herauszufinden, wie vergangene Ereignisse von den Zeitgenossen (vermutlich) wahrgenommen wurden, warum sie wie gehandelt bzw. nicht gehandelt haben. Diese Beurteilung berücksichtigt die zeitgenössischen Wert- und Weltvorstellungen (Sachurteil). Auf dieser Grundlage und einer entsprechenden Deutung und Gewichtung werden kausale Zusammenhänge gebildet. Die Vergangenheit wird dann nach heutigen Maßstäben beurteilt, Gegenwartsbezüge werden hergestellt und Perspektiven für die Zukunft entwickelt (Werturteil). Erfolgt dies nach den Gesetzen der Logik und der wissenschaftlichen Methode, spricht man von Triftigkeit.

Verfassungsorgane: im Grundgesetz festgelegte Organe der Staatsgewalt, namentlich Bundestag (Parlament), Bundesrat (Vertretung der Länder), Bundesregierung, Bundespräsident, Bundesverfassungsgericht und Bundesversammlung

Verfassungspatriotismus: von dem Politikwissenschaftler Dolf Sternberger und dem Soziologen Jürgen Habermas entwickeltes Konzept. Demnach kann sich ein Staatsvolk über die eigene Demokratie und Rechtsstaatlichkeit definieren (statt über gemeinsame Abstammung oder Sprache).

Volkskammer: Bezeichnung für das Parlament der DDR mit Sitz in Ost-Berlin

Zwei-plus-Vier-Vertrag („Vertrag über die abschließende Regelung in Bezug auf Deutschland"): Völkerrechtlicher Vertrag vom September 1990, benannt nach den sechs Vertragsparteien. Er legte u. a. Deutschlands endgültige Grenzen fest und übertrug ihm die volle Souveränität.

Lexikon zur Geschichte: Personen

Blum, Robert (1807–1848): Politiker, Dichter und Verleger, trat während der Märzrevolution von 1848/49 für eine deutsche Republik ein, wurde als Teilnehmer am Aufstand demokratischer Revolutionäre in Wien gefangengenommen, durch ein Standgericht verurteilt und hingerichtet

Ebert, Friedrich (1871–1925): Er arbeitete als Sattler, Redakteur und Gastwirt. Ebert engagierte sich früh in Partei und Gewerkschaft, war ab 1913 SPD-Vorsitzender, übernahm nach Ausrufung der Republik 1918 die Regierungsgeschäfte und wurde 1919 erster Reichspräsident der Weimarer Republik.

Elser, Georg (1903–1945): Kunstschreiner, Widerstandskämpfer gegen die Nationalsozialisten, wurde am 9. April 1945 hingerichtet

Grynszpan, Herschel (1921– nach 1942): polnischer Jude, geboren in Hannover, 1935 nach Frankreich emigriert, wollte durch sein Attentat auf einen deutschen Botschaftsangehörigen am 7. November 1938 auf das Schicksal jüdischer Flüchtlinge in Europa aufmerksam machen. 1940 wurde er an Deutschland ausgeliefert, wo er in Haft blieb und vermutlich vor Kriegsende starb.

Himmler, Heinrich (1900–1945): „Reichsführer SS" (▸ *Schutzstaffel*); ab 1936 zudem Chef der Deutschen Polizei; einer der Hauptverantwortlichen für den Holocaust und die zahlreichen Verbrechen der Waffen-SS; 1945 Selbstmord

Honecker, Erich (1912–1994): kommunistischer Politiker, 1971 bis 1989 Parteichef der ▸ *SED*, 1976 bis 1989 Staatschef der DDR

Kohl, Helmut (1930–2017): 1969–1976 Ministerpräsident von Rheinland-Pfalz, 1973–1998 Bundesvorsitzender der CDU, 1982–1998 Bundeskanzler

Maizière, Lothar de (*1940): deutscher Politiker, von November 1989 bis Oktober 1990 Vorsitzender der CDU der DDR, von April bis Oktober 1990 letzter Ministerpräsident der DDR

Małachowski, Stanisław (1736–1809): polnischer Politiker und Reformer, führte den Vorsitz des Vierjährigen Sejms, einer der „Väter" der Verfassung von 1791

Rousseau, Jean-Jacques (1713–1778): aus Genf stammender Philosoph und Naturforscher. Seine Schriften über Gesellschaft, Politik und Erziehung beeinflussten u. a. die Französische Revolution.

Stanisław II. August Poniatowski (1732–1798): letzter König von Polen und Großfürst von Litauen, 1764 gewählt, dankte 1795 ab

Die **fettgedruckten Begriffe und Seitenzahlen** verweisen auf Erläuterungen in der Randspalte des Darstellungsteils.

Die **fettgedruckten Namen und Seitenzahlen** verweisen auf biografische Informationen in der Randspalte des Darstellungsteils.